本书得到广东省宣传文化人才专项资金资助

英国媒体数字化转型：案例与模式

王垂林　张志安◎主编
刘颂杰　曹　斯　张　纯◎著

南方日报出版社
NANFANG DAILY PRESS
中国·广州

图书在版编目（CIP）数据

英国媒体数字化转型：案例与模式 / 王垂林，张志安主编. — 广州 : 南方日报出版社，2017.5
ISBN 978-7-5491-1578-5

Ⅰ. ①英… Ⅱ. ①南… ②中… Ⅲ. ①数字技术－应用－传播媒介－研究－英国 Ⅳ. ①G219.561-39

中国版本图书馆 CIP 数据核字(2017)第 027053 号

YINGGUO MEITI SHUZIHUA ZHUANXING

英国媒体数字化转型：案例与模式

编　　者：王垂林　张志安
出版发行：南方日报出版社
地　　址：广州市广州大道中 289 号
出 版 人：周洪威
责任编辑：刘志一　郑　颖
装帧设计：邓晓童
责任技编：王　兰
责任校对：阮昌汉
经　　销：全国新华书店
印　　刷：广州市尚铭印刷有限公司
开　　本：787mm×1092mm　1/16
印　　张：12
字　　数：190 千字
版　　次：2017 年 5 月第 1 版
印　　次：2017 年 5 月第 1 次印刷
定　　价：32.00 元

投稿热线：（020）87373998-8503　读者热线：（020）87373998-8502
网址：http://www.nanfangdaily.com.cn/press　http://www.southcn.com/ebook

序

转型实践案例与厚重学术功力相匹配的力作

范以锦

《英国媒体数字化转型：案例与模式》一书，是以全国新闻出版行业领军人才王垂林同志主持的课题为基础，邀请中山大学张志安教授联袂主编的重要成果。这部将跨国调研案例分析与当今中国媒体状况结合起来思考的力作，对业界转型有指导意义，对学界进一步深入探讨媒体转型也提供了有益的思路。

课题组调研的话题选得好，抓住了媒体转型的靶点、关注点和痛点。推动传统媒体和新兴媒体融合转型，是当下中国媒体改革发展的核心命题，转型已由媒体自身的行为，提升为国家为巩固主流舆论阵地而推进的重大战略，从国家高层到各级政府都积极推动这一工作的进程。传统媒体与新媒体各自有其内在的规律，融合发展并不容易，而且这是前所未有的事业，没有现成经验和做法可复制。传统媒体在转型中从设立电子版、开办新闻客户端、构建“中央厨房”、利用商业互联网公司的平台创建这个号那个号，到传播活动中的视频直播、VR技术的试水，等等，转型声势不可谓不大，转型成果也有目共睹，但总体来说依然处于艰难的探索中。从国家的媒体发展战略来说，就是希望建成一批新型的、具有强大实力和影响力的媒体集团；各地也期待强化自身的舆论平台阵地，将主流声音传播出去。要实现媒体做强做大的目标，其标志有两个，一是要有强大的传播影响力，二是要有强大的经济实力。从传播力来看，自从有了互联网的渠道，有了各类平台的合力传播，媒体的内容传播力不成为问题。也就是说只要做出了有影响力的内容，一定有平台广为传播，形成强大的内容传播影响力。但是，我们可以看到这种传播影响力相当多的是通过互联网公司的平台和自媒体去实现，大多数传统媒体及其办的新媒体自身的平台的传播力依然不强。借助民间舆论场去传播当然也是好事，但长此依赖别的平台而受制于他人，并非长远之计。所以，传统媒体转型的一个重要任务就是要将自身的传播平台打造得非常强大。从经济实力来看，目前转型的最大难点之一就是商业模式不清晰。没有商业模式，再好的媒体也很难坚守。因为没有强大的经济实力，就没有足够的资金进行技术改造、平台提升，无法吸纳和留住人才。从媒体的转型来看，恰恰是在如何强化自身平台的传播力和寻找商业模式方面碰到了瓶颈，这已成为传统媒体应对新媒体挑战求生存、谋发展亟待解决的问题。

寻找突围之路，虽然在国内有的媒体也做得比较好，但成功的案例并不多，我们必须把视野扩展到国际领域，从中寻找“他山之石”。之所以要把英国媒体作为研究的样本，这是因为英国媒体产业在世界处于领先地位，他们正在走的路可能就是我们未来要走的大体路径。英国早于中国介入互联网，更早地感受到互联网技术对传统媒体的巨大冲击。当我们的传统媒体还处在阳光灿烂的时候，英国媒体已进入严冬，因此转型的紧迫感比我们来得早，其转型探索行动比我们早了十年。我们正在走的弯路他们早走过了，我们还在艰难探索中的一些问题他们已有所突破。无论是成功的经验还是走弯路的教训，对我们都有启示。

《英国媒体数字化转型：案例与模式》一书的编者、作者，组成了具有产、学、研联动特点的“南方报业—中山大学传播与设计学院联合课题组”，他们正是为了探讨中国媒体的现实问题而对英国的媒体产业进行了比较全面的调研。这个课题组团队的搭配体现了业界与学界、实践与理论的良好结合，领衔主持课题的本书主编王垂林有丰富的记者从业经验和管理经验，曾任南方日报副总编辑，现任南方报业传媒集团总经理，全国“四个一批”重点人才。联袂主编张志安是中山大学传播与设计学院院长、教授、博士生导师，是有深厚的学术功底的青年才俊。调研团队成员兼本书执笔者有：中山大学传播与设计学院博士、讲师刘颂杰，其既有财经业界从业经历，又有专业的学科训练，曾师从著名传媒人胡舒立；南方报业传媒集团资深编辑张纯、名记曹斯，她们都精通英语并具有留学英国的背景，从求学英伦开始即长期跟踪观察，深谙英国媒体的发展历史和现状。刘颂杰博士还直接与英国主要媒体的管理层对话，取得第一手资料，将新鲜热辣的内容呈现出来。曹斯在英国读研时就研究过英国报纸，这次作为课题组的成员，她根据自己掌握的资源联系到卫报国际事务发展部部长，对她进行了访谈，还做了泰晤士报的综述。正是由于有了这样精干的团队，因而形成了既有厚重学术功力又有丰富实践经验呈现的调研报告，并由南方日报出版社出版发行，让学业界人士共同分享调研成果。

本书所呈现的调研成果，有很强的针对性，其抓住的问题都是当前中国媒体融合转型中面临的关键问题。这些问题包括如何重构舆论场，发挥主流媒体的影响力和引导力；如何找到新型产业模式，改变盈利模式没有取得实质性突破的局面；如何再造新闻生产流程，既要始终把握内容的核心价值，又需要通过大数据和云计算等内容挖掘技术、全媒体形态的信息呈现技术、交互设计及表达的传受互动技术等实现融合传播；如何坚守新闻专业主义，平衡好媒体公共性和商业利益。

提出问题最终要落实到问题的解决上。为了更有效地探索现实的问题，寻找解决问题的钥匙，课题组以英国不同类型的主流媒体为研究对象，涵盖了传统媒体的主要表现形式即平面媒体和广电媒体，种类则包括时政类、大众类、专业类尤其是财经媒体。自2015年底起，题课组赴英国伦敦实地调研了英国广播公司（BBC）、金融时报、经济学人、卫报等主流媒体机构，也对每日邮报、泰晤士报两报社的转型情况进行深入研究。在这基础上，形成英国主流媒体转型路径的案例报告，包括：《〈经济学人〉：多平台模式下的变与不变》《〈卫报〉：免费“开放新闻业”的商业模式》《〈金融时报〉：“受众参与”和“付费墙”的持续探索》《邮报传媒：报网分化运营，全球扩张版图》《〈泰晤士报〉：综合性日报如何在数字时代盈利》《英国广播公司：公营媒体机构在数字时代的开放式发展路径》。虽然他们各自的转型路径不同，但转型中的用户至上理念、改变传统的运营模式等做法却是相通的。同样的道理，中国的媒体由于国情不同，英国媒体的不少做法我们无法照搬照套，但转型中的理念、运营模式的创新、新闻专业主义的坚守等等，都是有参考价值的。

中国传媒学界和业界对英国媒体的研究一直在进行中，但课题组并非在“炒冷饭”，本书所展示的调研成果不仅有了更系统的归纳和更科学的理论提升，而且由于调研比较细，起到了拾遗补缺和释疑解惑的作用。笔者看了本书对英国《金融时报》转型成功的阐释，受益匪浅。笔者一直在研究《金融时报》的转型。这家报社的纸质版在不断地压缩，而电子版不断地上升，设立付费墙之后，收费的电子内容产品已超过了纸质版。中国有不少报纸也自称为品牌报纸，也试图设付费墙进行收费，却未达到预想的效果。笔者认为，我们的一些自称为品牌的报纸其实品牌价值是不高的，放到网络上更显示不出其品牌价值，所以电子版一收费用户就流失。相反地，《金融时报》在经济领域的媒体品牌地位是非常牢固的，那些热衷于上网的经济领域的人士自然会将他们喜欢的《金融时报》的纸质版转移到电子产品上。加上《金融时报》的付费墙设置的技巧娴熟，因此《金融时报》将品牌价值成功地延伸到了网络上。这是笔者过去对《金融时报》的认识。看了《英国媒体数字化转型：案例与模式》一书之后，笔者对《金融时报》有了更深的了解。原来《金融时报》对用户的关注不同寻常，高度重视“受众参与”，甚至开发独立的软件来帮助编辑记者与受众互动，而且建立专门的受众参与部门，让受众“参与到新闻第一线”。从书中可以看出，《金融时报》的转型成功并非一两个举措就可完成，内容的品牌价值要与技术、渠道、平台、用户“一体化”才能成功。从中国媒体现状来看，如果不坚持“一体化”原则，转型也是很难成功的。

当下中国媒体出现的一个乱象就是对新闻专业主义坚守的偏移。在求生存的商业利益压力之下，有的媒体机构放弃了过去秉承的专业规范，试图让采编人员和经营人员一样承担经济责任，采编、经营混岗的情况突出。这种混岗不仅使采编人员不能集中精力从事新闻内容生产，还因为利益驱动出现了有偿新闻、新闻敲诈等问题。在互联网技术冲击之下，英国的主流媒体却能够坚持公共性和商业利益的平衡，其中的制度安排与设计是值得我们认真思考的。

除了案例分析，《英国媒体数字化转型：案例与模式》一书最为精华的部分，是调研团队整体讨论、反复切磋之后总结归纳的《启示录：传统新闻生产的整体重构与创新》这一章，触及媒体融合的顶层设计（制定符合自身的转型战略）、融合的价值观（坚持高品质和专业化的内容）、业务流程重构（基于“用户参与”，推出优质内容产品）、商业模式（数字内容收费的差异化策略）、业务多元化（以媒体内容的品牌效应和信息资源为依托）和国际化（打造国际品牌，提升传播力与影响力）等六个层面。有比较才有鉴别。相信中国传媒业界和学界同人研读之后能有所得。

转型没有固定的模式，而且此一时彼一时。就英国媒体而言也是变幻莫测，别的不说，就拿媒体老总来说换得也很频繁。正是因为媒体具有日新月异的特点，媒体研究者更要与时俱进地持续关注。期待有更多的像南方报业和中山大学这样的团队进行联合调研，把这种调研蔚成学界和业界的良好风气，使中国媒体的转型能得到更多的具有前瞻性的学术支持。

（作者为暨南大学新闻与传播学院院长、教授、博导）

目录

contents

第一章

他山之石：

英国媒体的转型探索

一、缘起

自从2014年“推动传统媒体和新兴媒体融合发展”由行业政策提升为国家政策以来，包括报业在内的中国传统媒体拥抱和融入互联网的力度和深度都在强化。在媒介融合发展中建设新平台、拓展新业务、探索新模式，已经成为传统媒体应对新媒体挑战求生存、谋发展的必然选择。

（一）当前中国媒体融合与转型面临的关键问题

我们认为，中国报业融合必须应对五个方面的挑战，并且把这五个方面的挑战作为关键问题来抓。

1. 如何重构舆论场，发挥主流媒体的影响力和引导力？当前舆论场的确存在一些结构性的缺陷，包括：传统媒体在舆论场中的影响力逐渐下降，官方舆论场在重大事件中缺乏引导能力，民间舆论场过度以微博为主导和驱动，舆论场中缺乏多元主体的共同参与，媒介融合环境下舆论引导的难度增加，等等。

2. 如何创新媒介融合的产业模式？总体上看，中国报业集团迄今尚未找到可供复制的新型产业模式，大多数只在“转场”过程中获取了新的利润来源，但尚未在“转型”过程中实现传统报业的内容价值在互联网平台上的变现；在新型盈利模式、运营模式等方面却没有取得实质性的突破；限于体制性的因素，报业集团内部难以建立真正的现代企业制度和创新的治理机制。

3. 如何再造新闻生产流程？报业集团在媒介融合的过程中，要逐步打破以“报纸”为核心的生产流程，建立以“互联网”为核心的全新生产机制。关键要解决这些问题：速度和深度的问题，如何从快到深地报道新闻；成本和效率的问题，如何更优化、更高效地开发新闻资源的价值，实现内容的集成化、形态的多元化和传播的多平台化；内容和形式的问题，既要始终把握内容的核心价值，又需要通过大数据和云计算等内容挖掘技术、全媒体形态的信息呈现技术、交互设计及表达的传受互动技术等实现融合传播。

4. 如何实现多元产权和治理创新？当下，不少报业集团都在组织内部开始尝试“项目孵化”制度，但中国的报业集团在多元产权制度和内部治理机制创新方面还是顾虑重重、限制多多。未来，应该在产权方面吸收国有企业改革的一些先进经验，尝试不同的产权模式，比如“绝对产权控制”“绝对产权控股、相对产权共持”“绝对产权与相对产权均相对控股”等。只有在内部治理机制上真正有所创新，报业集团才可能留住人才、激发活力，孵化出真正有竞争力的项目。

5. 如何优化政策体系和战略规划？政策制订和战略规划的主体是党委和政府，相关政策层次包括媒介融合的行业政策规制、媒介融合中的版权保护机制、媒介融合中的市场退出机制等。其中，媒介融合的产业政策尤其重要，比如确立对党报、广播电视台的补贴机制，制定有关媒介集团融资的政策，探索传媒企业的特殊管理股制度等。

上述五个方面的挑战，又可以主要归结为三个方面的根本矛盾：限于体制性的因素，报业集团内部难以建立真正的现代企业制度和创新的治理机制；报业集团媒介融合的过程中，盈利模式和运营模式没有取得实质性的突破；一线从业者和管理层对媒介融合的认知和文化存在冲突。

（二）英国媒体融合转型经验对中国媒体的借鉴意义

互联网技术对传统媒体的冲击是不分国界的，或早或晚，全球各国的媒体机构都终将面临媒体产业的根本性变革。中国媒体也不能例外，在艰难探索自身的转型之路的同时，也需要学习借鉴各国经验与教训。其中，英国媒体的转型经验尤其值得中国同行学习。

首先，相比中国同行，英国媒体产业的转型要早10年左右，目前已积累了一定的经验。英国媒体产业在世界领先，也更早地感受到互联网技术对传统媒体的巨大冲击，更早地进行了数字化转型的探索。比如，英国的一些主流媒体在20世纪90年代末即建立自己的网站，并探索“广告—发行”模式在互联网时代的商业模式转型；从21世纪初期开始，业界学界即在深入探讨传统媒体面临的冲击和未来变革；大约在2005年前后，报业广告收入出现断崖式下降，英国媒体产业进入剧烈动荡、加速调整时期。相比较而言，中国媒体的转型要滞后10年左右：直到2014年前后，中国报业才真正感受到严冬的到来。

其次，在互联网技术冲击之下，英国媒体较好地保持了媒体公共性和商业利益的平衡。互联网对传统媒体的冲击最重要的是体现在对其商业模式的颠覆，打破了报业的“饭碗”。在求生存的商业利益压力之下，很多媒体机构都放弃了过去秉承的专业规范，编辑部门和经营部门之间的“防火墙”界限越来越模糊。中国媒体的“事业部”制盛行，在多元化经营中商业利益越来越侵蚀内容的独立性。而英国的主流媒体却能够做到坚守公共性和商业化的平衡，其中的制度安排与设计是值得探讨和借鉴的。

最后，中国媒体对英国同行的转型路径的探讨不够充分，研究还不够全面和深入。目前，美国主流媒体如《纽约时报》《华盛顿邮报》《华尔街日报》等相对而言更受到中国新闻业的关注，英国媒体如《卫报》《金融时报》等在个案层面也受到一定的关注，但《每日邮报》《泰晤士报》等在数字化转型方面的成就则不为人熟知，更缺乏从总体层面对英国媒体转型路径的研究。

为此，南方报业—中山大学传播与设计学院联合课题组在2015年底以来，赴英国伦敦实地调研，拜访了英国广播公司（BBC）、《金融时报》、《经济学人》、《卫报》等主流媒体，也对《每日邮报》《泰晤士报》的案例进行了深入研究，目的就是通过对英国主流媒体转型路径的考察，总结经验，为我国媒体的转型提供镜鉴。

二、媒体转型框架

我们认为，研究媒体转型，先要建立一个基本的研究框架。这一框架至少应该包括如下四个层面：

1．内容及产品创新。在新媒体、新技术语境下，英国媒体如何提升新闻品质？如何在新闻产品层面进行创新？有哪些新的技术趋势？

2．新闻生产流程重组、组织机构再造。为适应新技术的挑战、新产品创新的要求，新闻机构的业务流程如何进行重组再造（Business Process Re-engineering），这需要借鉴管理学理论、创新理论进行研究。比如在《卫报》，“数字第一”的开放式新闻业，如何重新塑造其新闻生产流程？在《金融时报》，对“读者参与”的重视，如何带来了一个全新的用户研究部门？

另外，还可以研究媒体公司股权结构的变化、收购兼并的趋势，及其对新闻生产的影响。如《金融时报》和《经济学人》股权变动的案例。

3．商业模式的探索。英国媒体是如何在商业模式上进行探索的？付费墙、付费阅读的适用范围、前景如何？在业务的多元化方面，媒体如何开展诸如数据库、智库、活动、电子商务等业务？媒体公司内部的内容产业与其他产业的关系怎样？

值得探讨的是，新闻专业主义的操作规范是否发生了改变，体现在哪些方面？在数字化转型中，新闻编辑部和经营部门的关系如何处理？

4．怎样提升传播力、影响力。在全球化时代，英国媒体如何通过平台开拓和介质融合来提升内容及品牌的传播力和影响力？在这一方面，《金融时报》的国际化战略，《每日邮报》在美国、澳大利亚市场的拓展策略等，都值得关注。

案例分析都将参照这一分析框架深入进行。

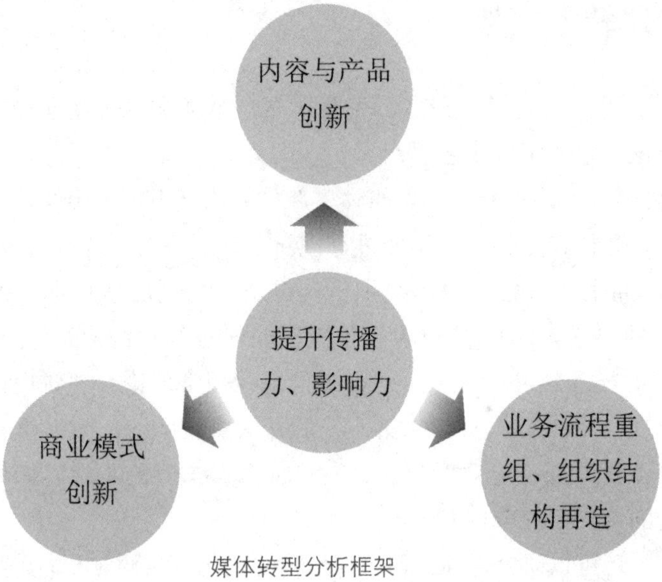

媒体转型分析框架

在本书中，主要采取了个案研究法、深度访谈法等研究方法。选取的个案如下：

表1–1　选取案例分析

	媒体名称	关注点
1	经济学人	多平台模式下的变与不变
2	金融时报	“受众参与”和“付费墙”的持续探索
3	卫报	免费“开放新闻业”的商业模式
4	泰晤士报	综合性日报如何在数字时代盈利
5	每日邮报	报网分化运营，全球扩张版图
6	BBC	公营媒体机构在数字时代的开放式发展路径

在深度访谈方面，我们选择了专访《经济学人》、《金融时报》、BBC和《卫报》的相关负责人，他们多数具体负责数字内容发展业务。

表1-2 媒体访谈情况

	媒体名称	访谈对象	职务	访谈时间	访谈方式
1	经济学人	Tom Standage	经济学人副主编、原数字内容发展总监	2015年12月5日	面访
2	金融时报	James Kynge	金融时报副主编、新兴市场主编	2015年12月7日	面访
3	BBC	James Montgomery	BBC News数字与技术总监	2015年12月9日	面访
4	卫报	Penny Jones	《卫报》国际事务发展部部长	2015年12月至2016年1月	电邮采访

三、研究现状

在中国学界，彭兰以BBC为个案，较早关注到英国媒体如何应对数字化挑战。[1]在2000年，邓炘炘比较分析了英国报业在互联网上展开的竞争，如《金融时报》力争使其网站成为包罗万象的网上门户，打破印刷文字和网上新闻的隔阂，重新规划新闻采编部门的格局，把纸基和电子版本的编辑采访融为一体，编辑记者同时为两种媒介供稿。[2]

此后到2010年前后，中国学界、业界对英国媒体转型的研究成果比较少。蒋春柳以BBC为个案，分析了数字化时代公共广播电视的危机与应对策略。[3]唐润华、文建研究了《金融时报》在数字化冲击下面临的困境，以及如何去实现突破。[4]崔保国就数字化时代的报业转型，访谈了《金融时报》前总编辑。[5]蔡雯则以同样话题，访谈了《泰晤士报》网络版执行

[1] 彭兰.数字化时代的BBC[J].国际新闻界，1998（2）：6-11.

[2] 邓炘炘.英国报业在网上的竞争[J].新闻战线，2000（2）：71-72.

[3] 蒋春柳.数字化时代公共广播电视的危机与应对策略：以BBC为个案研究[D].上海：复旦大学，2005.

[4] 唐润华，文建.英国《金融时报》：困境与突破[J].中国报业，2005（5）：74-76.

[5] 崔保国.与英国《金融时报》前总编辑谈数字化时代的报业转型[J].中国报业，2006（12）：66-69.

副总编辑。[1]此外，黄楚新分析了《金融时报》网站的特色，[2]黎斌、林娜以《卫报》的开放平台为案例，分析了网络媒体的发展模式。[3]

2011年以后，尤其是2013年以来，中国学界关于英国媒体转型的研究明显增多。这一转变的原因并不难理解，2012—2013年是中国报业广告收入的转折点，转型压力巨大，促使业界学界都“向外看”，寻求更早进行转型尝试的英美媒体的经验。在这一时期的研究成果中，不少是对英国媒体的参观调研之后的总结。也有从整体层面对英国传统媒体转型路径的分析，其他则是对英国主流媒体的个案研究，包括《卫报》《金融时报》《泰晤士报》《经济学人》和BBC等，其中发表于《CSSCI》期刊的个案研究文章以《卫报》、BBC研究居多。

（一）考察与调研总结

唐亚明在2004年出版的《走进英国大报》是比较早的英国报业专题研究，但主要是分析英国报业发展的动向、办报理念、经营要诀及面临的困难和挑战，转型并非其核心主题。[4]蔡雯、李亚丽在2007年7月走访了泰晤士报、英国广播公司（BBC）和金融时报，探寻传统媒体如何应对数字技术与网络技术的挑战。[5]此外，深圳广电集团的张春朗、安治民也考察了BBC、路透社等媒体。[6]

此后，类似的调研总结更加密集。2012年10—11月，国内各大报纸和报业集团的负责人远赴英国参加“与英国报业对话媒介融合及数字化未来培训班”。荣庆祥总结了其中主要的学习内容和心得体会。[7]2014

[1] 蔡雯. 传统报纸如何实现数字化转型——对话《泰晤士报》网络版执行副总编辑帕明德·巴瑞（Parminder Bahra）[J]. 中国记者，2007（11）：79-81.

[2] 黄楚新. 英国金融时报网站的特色分析[J]. 中国报业，2010（3）：68-70.

[3] 黎斌，林娜. 从《卫报》的开放平台看网络媒体的发展模式[J]. 新闻爱好者，2009（6）：21-22.

[4] 唐亚明. 走进英国大报[M]. 广州：南方日报出版社，2004.

[5] 蔡雯，李亚丽. 传统媒体如何决胜数字时代？——对英国三家著名媒体的调查与思考[J]. 国际新闻界，2007（9）：49-53.

[6] 张春朗，安治民. 打开一扇窗——国际著名媒体考察侧记[J]. 新闻战线，2011（8）：64-66.

[7] 荣庆祥. 与英国报业对话，展望我国数字出版[J]. 出版参考：业内资讯版，2013（1）：1-1.

年6月，《解放日报》赴英国进行了实地考察。杨波的文章介绍了以BBC、《金融时报》、《每日电讯报》等为代表的英国传统主流媒体近年来在全媒体转型方面的经验及成效，及它们面对广告下滑、发行缩减等方面危机的应对举措。[1]

2015年11月，浙报集团开启“对话英国报业”之旅，24位来自集团各部门的采编、技术、经营、管理、培训等岗位的学员，赴英国参加“传统媒体和新兴媒体融合创新高级研修课程”。《传媒评论》2015年12月号发表了《英国报业转型报告》专题。其中，程为民的文章提到英国媒体新闻编辑室的变化：1.0版就是只为出版报纸服务，2.0版以报为主、以网站为辅，3.0版则是网站优先，如今的3.1版就是全打通的新闻编辑室。[2]陈敏玮总结了英国媒体融合的几种模式：《每日电讯报》为典型的全员全流程整合模式、以《泰晤士报》360度新闻编辑室为代表的采访力量整合模式以及个别部门整合模式。[3]陈文文探讨了英国媒体的“付费墙”。[4]

此外，陶克强、马汉清等，都发表了相关的英国媒体考察总结。[5]不过，总体而言，这些总结大多是参观侧记感悟类的文章，缺乏深入的有理论分析框架的个案研究，或者学理层面的理论思考。

（二）转型模式的宏观分析

在向外看的热潮之下，逐渐开始有了一些系统性、有针对性的研究。任琦以电讯传媒集团（Telegraph Media Group，简称TMG）为案

[1] 杨波. 全媒体转型：转什么？怎么转？——英国媒体见闻[J]. 新闻记者，2014（9）：60-63.

[2] 程为民. “永远不要忽略报纸的重要性”——英国报业之旅见闻[J]. 传媒评论，2015（12）：47-50.

[3] 陈敏玮. 要把内容做到鱼子酱般高级——英国纸媒媒体融合的若干模式[J]. 传媒评论，2015（12）：53-53.

[4] 陈文文. 那道被筑起又推倒的“付费墙”——从英国报业转型探讨内容是否该免费[J]. 传媒评论，2015（12）：61-62.

[5] 陶克强. 感受英国媒体的变革风——从全英媒体转型看中国媒体融合发展路径[J]. 中国记者，2015（3）；马汉清. 痛并快乐着：英国报业转型一瞥[J]. 中国记者，2014（1）.

例，考察了全媒体一体化编辑部的模式。[1]钱进、尹谜眉同样以英国媒体为例，分析了互联网时代的新闻编辑部转型。[2]

马永强认为，英国报业转型创新有四大方向：读者至上、市场支撑；数字生产、多屏联动；付费阅读、盈利创新；移动助力、终端开发。[3]屈国超以《卫报》《金融时报》在转型中是如何使用社交媒体（社会化媒体）为例，试图为中国媒体提供借鉴。[4]

马国仓、孙志勇总结英国报业转型发展的特点是：遵从读者第一，注重市场变化；崇尚内容为王，重视产品独特性；拥抱新技术，推动媒体融合；重视报业转型，探索报业数字化盈利模式。[5]张磊、左登基分析了英国报业如何在智能互联时代，开发智能移动端的平台。[6]

张帆考察了英国报业的平台战略，并指出，英国报业在共建、共享、共赢、开放和平等的原则下，从两条路径来实施平台战略：实现资源整合共享，打造新闻信息的专业性平台；构筑大商业生态系统，打造共赢的综合性平台。[7]

马汝军指出，英国乃至全球的传统出版向数字出版的转型的大势是由产品导向朝着服务导向的转变。出版业在向数字出版转型过程中，观念更新、流程再造、营销转变是关键环节。[8]

---

[1] 任琦. 一体化的编辑部会成为一种范式吗？——以英国TMG为例[J]. 中国报业，2009（4）：64-66.

[2] 钱进，尹谜眉. 社会化媒介时代的新闻编辑部转型——对话英国汤姆森基金数字新闻和社会化媒体特别顾问Dan Manson[J]. 新闻记者，2014（5）.

[3] 马永强. 英国报业转型创新的四大方向[J]. 传媒，2016（1）：65-66.

[4] 屈国超. 社会化媒体助力中国报业转型——英国《卫报》《金融时报》改革对中国报业的启示[J]. 视听，2014（12）.

[5] 马国仓，孙志勇. 网络时代报业的变与不变——英国报业转型发展的启示[J]. 中国出版，2012（24）：12-15.

[6] 张磊，左登基. 迎接智能互联时代：英国报业的新革命[J]. 青年记者，2012（10）：15-16.

[7] 张帆. 英国报业平台战略实施路径[J]. 青年记者，2016（10）：93-94.

[8] 马汝军. 英国出版业数字化转型与发展管窥[J]. 中国编辑，2015（4）.

（三）媒体运营模式

在运营模式方面，“付费墙”是研究重点之一。喻国明、李慧娟以英国《卫报》有关付费墙的专栏文章为基础，研究这一议题涉及的核心要素。他们指出，在报纸数字化的过程中，采用免费模式还是付费模式，决定因素在于报纸的内容。产品的“可生性”赋予核心内容付费价值，报纸内容的核心价值对盈利模式的选择起着至关重要的作用；此外，来自第三方力量的协助和开放式技术平台的支持赋予网站衍生价值，对盈利模式的影响也不容小觑。[1]

陈文文围绕“那道被筑起又推倒的‘付费墙’”，分析了英国报业转型中先设立付费墙导致流量骤然下跌之后，又放弃付费墙的纠结。[2]吴翔以及何江和王睿同样剖析了英国报业“免费还是收费”的纠结。[3]刘晓博则指出，困扰报业的“哈姆雷特之问”将不再是“免费还是收费”，而是“我们应该如何收费或如何免费”。[4]

总体而言，研究者虽然对付费墙的模式进行了细分（如喻国明），但缺乏对一些英国媒体的典型案例，如《金融时报》在付费墙制度设计上的改革的深入研究，也缺乏实践细节的支持。

此外，《经济学人》的逆势上扬也引起了国内学界的关注。《中国记者》2013年的“国际知名媒体转型之路”专题就有文章以其为研究案例。刘滢总结《经济学人》在品牌拓展和新媒体战略方面的经验是：深耕细作，以高品质内容取胜；扬长避短，围绕主业打造多元化产品链；未雨绸缪，谨慎试水新媒体。[5]

[1] 喻国明，李慧娟. 从“付费墙”到“付费门”：报业数字化的进路与策略——以英国《卫报》为例[J]. 中国传媒科技，2013（7）.

[2] 陈文文. 那道被筑起又推倒的“付费墙”——从英国报业转型探讨内容是否该免费[J]. 传媒评论，2015（12）：61-62.

[3] 吴翔. 免费还是收费：英国报纸新闻价值之争[J]. 新闻实践，2010（11）：47-49；何江，王睿. 英国报纸互联网经营理念探析[J]. 青年记者，2013（9）：28-29.

[4] 刘晓博. 报纸的“哈姆雷特之问”——以英国报业为例[J]. 青年记者，2011（15）：76-77.

[5] 刘滢. 英国经济学人集团的品牌拓展与新媒体战略[J]. 中国记者，2013（10）.

汤莉萍、蔚薇分析了《华尔街日报》《日本经济新闻》《金融时报》国际三大财经报刊，指出其数字化发展模式分别是“收费网站+报刊”为主的模式、数据库营销为主模式和多元媒体互动为主模式，并提出了对我国财经报刊数字化发展的启示。[1]

蔡雯在对《泰晤士报》等报业的变革进行分析之后，指出传统报业要适应新的形势，最迫切需要解决的问题除了资金投入和技术条件之外，还需要在媒体集团内部进行组织机制和管理模式的突破，并在媒介内部管理和人才素质与技能方面有所突破。[2]

（四）个案研究：《卫报》

对《卫报》的个案研究，主要包括开放新闻模式研究、数据新闻及大数据应用这两个方向。王辰瑶、刘娉婷将《卫报》在进入网络时代之后的一系列创新概括为“开放新闻”实践，通过对《卫报》“Open Door”“Data Blog”“Guardian Witness”“Ophan”及“Open Platform”等多个创新项目的分析，探讨了“开放新闻”的理念是如何落实在新闻生产之中的。研究发现，“开放新闻”实践可以具体化为三个层面的“开放”，分别是面向使用者的开放、面向数据的开放和面向平台的开放。这三者在新闻实践上的表现方式不同，但共同体现出新闻观念在网络时代的深刻变化。[3]

郑若琪认为，2006年至今，《卫报》不断向数字化转型做出新的尝试，历经开放评论、开放数据、开放技术平台、开放第三方商业运用和开放式新闻，确立了迄今为止英国报业最坚决、最彻底的数字化转型模式。[4]作者指出，就商业模式而言，究竟是用《卫报》的免费加开放型模式拓展在线广告可行，还是《纽约时报》的收费加封闭型模式从内容

[1] 汤莉萍，蔚薇. 三大财经报刊巨头的数字化发展模式分析及启示[J]. 新闻界，2009（6）：8-9.

[2] 蔡雯. 媒介融合视野下的报业转型——从西方著名报纸的变革谈起[J]. 新闻传播，2007（11）.

[3] 王辰瑶，刘娉婷.《卫报》“开放新闻”实践的个案研究[J]. 编辑之友，2016（7）.

[4] 郑若琪. 英国《卫报》：以开放式新闻构建数字化商业模式[J]. 南方电视学刊，2012（3）：112-114.

版权获利可行，目前还没有定论，或许还会有超越以上两条路径的具有革命性的商业模式再度出现。不论怎样，《卫报》在媒体数字化转型之时所做出的种种尝试都显示出专业媒体的信心和力量。

张煜麟认为，当代“开放式新闻”商业模式的出现，主要受到四种学术思维所激荡而成：组织管理学界的“开放式”创新管理论述，新媒体研究所提出的“使用者创造内容”概念，社群中心模式的媒体教育新典范，以及“知识公用地”与“开放近用”运动等四种学术思维的影响。[1]作者指出了开放式新闻商业模式的运作特点：建立跨国网络新闻媒体，吸纳全球网络媒体的用户流量；跨产业协同合作，创新媒介融合合作模式；从“内容”提供商转为“电子商务”提供商，搭建平台收取服务费；结合大数据分析技术，践行新眼球经济。

徐剑、苏昱从开放API（应用编程接口）的视角对《卫报》和《纽约时报》进行比较研究。[2]作者指出，《纽约时报》的开放API模式本质上是追逐其在互联网上继续承担“世界舆论领袖”的地位。而《卫报》将其API定位为一种商业活动，需要合作伙伴加载它的广告作为合作条款的一部分。《卫报》希望通过开放API，吸引更多的读者，带来更多的黏性，从而实现广告的精准销售。

章戈浩、文卫华和李冰对英国《卫报》的个案研究主要从数据新闻的实际操作入手，[3]而周婷婷则侧重其大数据的运用，因《卫报》在大数据运用与媒体实践紧密结合的探索中走在了全球媒体的前列。她指出，《卫报》的数据运用实践为我国媒体提供了可资借鉴的具体范本：开放媒体数据平台、将众包模式引入数据新闻生产、开放技术平台、使用大数据技术提升广告效果，都可以成为我国媒体探索自己在大数据时

[1] 张煜麟.“开放式新闻”商业模式的兴起与运作特点——以英国《卫报》新闻集团为例[J].现代传播：中国传媒大学学报，2014（7）：44-47.

[2] 徐剑，苏昱.开放API 开放内容——《纽约时报》《卫报》的网络战略转向新途径探析[J].新闻记者，2011（4）：70-73.

[3] 章戈浩.作为开放新闻的数据新闻——英国《卫报》的数据新闻实践[J].新闻记者，2013（6）：7-13；文卫华，李冰.大数据时代的数据新闻报道——以英国《卫报》为例[J].现代传播：中国传媒大学学报，2013，35（5）：139-142.

代发展道路时的尝试点与突破口。[1]

郑蔚雯、姜青青介绍了《卫报》《泰晤士报》《纽约时报》如何构建可视化数据新闻团队，并与国内进行对比分析，为国内媒体提供借鉴。比如，《泰晤士报》的新视觉新闻团队34人，核心成员有3人，分别是数据记者、信息编辑（图表编辑）和内容设计编辑（视觉总监），另有效果展现程序员1人、数据挖掘员1人和设计人员29人。[2]

（五）个案研究：BBC

张晓菲对BBC多年来的数字化转型实践特别是最新实践，进行了相对全面深入的研究，从中提炼出“内容生产与数字化转型并重”的核心理念，以及组建“多工种”产品团队、多平台一体化的内容生产模式、全方位打造品牌数字化产品、打造个性化的BBC等核心策略。[3]

龙思薇基于对BBC的实地访谈和考察，以及对维亚康姆、贝塔斯曼、维旺迪、时代华纳、迪斯尼、新闻集团等海外传媒集团数字新媒体运营历史和现状的分析，梳理了海外传媒集团数字化转型两种路径：以内容为核心向新媒体渠道、终端的拓展，以资本为核心实现战略转型。作者指出，数字化技术研发和引进、平台化管理架构和传统人才培训是转型的两个核心要素。[4]

韩晓宁、张皓月在对以广电业务为主的BBC和迪斯尼等国际传媒集团在融媒时代所采取的转型举措、理念和策略进行梳理和分析的基础之上，归纳了它们在媒介融合和数字化转型方面的经验：不断更新数字平台、突显互动性和定制化、善于整合数字资源库、精耕平台间合作、

[1] 周婷婷. 大数据时代数据运用的理念与实践研究——以英国《卫报》为例[J]. 江汉学术，2015（1）：123-128.

[2] 郑蔚雯，姜青青. 大数据时代，外媒大报如何构建可视化数据新闻团队？——《卫报》《泰晤士报》《纽约时报》实践操作分析[J]. 中国记者，2013（11）.

[3] 张晓菲. BBC数字化转型的核心机制与策略研究[J]. 新闻界，2016（2）：48-53.

[4] 龙思薇. 海外传媒集团数字化转型的路径与思考[J]. 现代传播：中国传媒大学学报，2013，35（8）：9-12.

多渠道分发优质内容、着力推进版权意识、大力开发全产业链的衍生品业务。[1]

刘连喜、李向东、汪苹等总结BBC的转型路径包括：开发BBC iPlayer等新媒体终端，重新赢得互联网受众；改革新闻报道的生产方式，社交媒体优先，新闻可视化，挑战组织架构，建立中央厨房等；平衡互联网时代的媒体义务与盈利需求，既承担公共媒体责任，又引入商业公司。[2]

[1] 韩晓宁，张皓月. 融媒时代国际广电传媒集团的转型研究——以BBC、CBS和迪斯尼为例[J]. 视听，2016（1）.

[2] 刘连喜，李向东，汪苹，等. 媒体融合时代BBC的战略转型[J]. 电视研究，2015（4）：102-104.

第二章

《经济学人》：

多平台模式下的变与不变

在世界传媒业的图景中，《经济学人》是一个独特的存在。很多人把它看作是世界最好的杂志之一（尽管它把自己称为newspaper）。在媒体数字化转型的浪潮中，一些媒体走向开放，以免费吸引读者而获得广告收益的提升，另一些则通过付费墙模式应对新的竞争。《经济学人》选择坚持做一份“昂贵”的报纸，一方面实现了发行量的稳步上升，更重要的是维持了以订阅收入作为主要收入来源的初衷。

2015年底，笔者在伦敦市中心的经济学人大厦，与《经济学人》现任副主编、前任技术及数字化主编Tom Standage对话，梳理《经济学人》在转型过程中的实践，探索这份百年老报在数字化时代的变与不变。Tom Standage是英国传媒业创新的领军人物，多年来掌管这个世界上最受尊敬的媒体公司的数字化与技术部门，并曾获得2015年英国传媒大奖的年度创新人物奖（Media Pioneer of the Year）。

位于伦敦圣詹姆斯街的经济学人大厦
（刘颂杰　摄）

与大多数的传统媒体在数字化面前的疑虑不同的是，《经济学人》似乎一直非常淡定地进行着自己的尝试。Tom Standage充满自信地说：“说到底，我们有一个很简单的商业模式：读者付钱给我们，以节省他们的时间。并且，这是他们依然愿意做的事情。事实上，媒体环境越嘈杂，内容和渠道越多，人们越困惑，我们所能提供的就更多。”

一、多个平台，一种声音

经济学人大厦的入口处，立着一座詹姆士·威尔逊的白色大理石雕像。大堂的服务人员是一位印度裔老人，他听说笔者来自中国，很自豪地介绍说，作为《经济学人》（*The Economist*）的创办人，詹姆士·威尔逊与远东的印度、中国有很深厚的渊源。在1843年创立《经济学人》之后，威尔逊又于1853年成立印度新金山中国渣打银行（Chartered Bank of India，Australia and China），即今日渣打银行的前身。威尔逊反对英国政府对进口谷物征收重税，正是他奠定了《经济学人》血脉中的自由主义传统。

这种信条是如此根深蒂固，以至于前总编辑John Micklethwait在2015年初离职赴任彭博社总编辑之前，还满怀深情地写道：《经济学人》总编辑的唯一真正主人就是“开放市场和个人自由的自由主义信条”。如果说《经济学人》有自己的立场和声音，那就是自由主义。在数字化时代，经济学人由一份纸质出版物，变成了多个平台上的媒体，不变的则是它的基本价值观。

经济学人大厦大堂内的《经济学人》创办人詹姆斯·威尔逊像（刘颂杰　摄）

（一）依靠产品平台多元化，百年品牌再焕活力

1996年，《经济学人》发行量超过60万份，覆盖180多个国家和地区。就在这一年，网站economist.com正式上线。这是《经济学人》面向互联网时代迈出的第一步。2001年，经过重新设计的全彩的《经济学人》首次面世，平均发行量上升至76万份，据统计，每周有200万人阅读《经济学人》。

2004年，《智生活》（*Intelligent Life*）年刊首度问世，目标受众仍以《经济学人》的精英读者群体为主，但内容倾向于生活而非政经报道。2005年，《经济学人》平均发行量突破100万份大关。

2010年，使用Kindle、iPhone和iPad，可以订阅和阅读《经济学人》的数字版本。一年后，这一范围得到了扩大，包括Android智能手机在内的多个平台都可以进行其数字版本的使用。截至2011年11月，电子版《经济学人》在超过100万台移动终端上被阅读。

2014年11月6日，《经济学人》推出新的移动应用Espresso（意为“浓缩咖啡”），打破了《经济学人》之前的应用每周更新的传统。2015年2月，《经济学人》首款中英双语APP《全球商业评论》（Global Business Review，简称GBR）上线，同时支持iOS和Android平台免费下载。这一年，发行量达到了160万份。

而在这些产品之外，《经济学人》还推出了Film（电影）、Radio（电台）、Audio（播客）等多媒体平台，并且在如Facebook和Twitter等社交媒体平台上设立公共主页，还通过Apple News等聚合化平台推送文章以提高知名度。数字化时代，《经济学人》顺应形势，多管齐下，全力打造多元平台，“在同行们日薄西山的时候却进入自创办以来最为全世界所知的阶段”[1]。

---

[1] 魏星.172岁《经济学人》的变与不变[EB/OL]. [2015-03-03].（2015.03.03）http://money.163.com/15/0303/ 09/AJP6PK8K00253B0H.html.

（二）把握技术及潮流，拓展平台和渠道

《经济学人》新产品的开发往往顺应了新的潮流。社交媒体是当今许多人获取信息的重要渠道之一，因此《经济学人》充分利用Facebook等社交平台，通过分享链接的方式，能带来占总量30%的页面访问量。与此同时，凭借人们对于视频的热衷，Economist Film应运而生，制作事实性的短片，一方面通过经济学人网站本身的视频频道，更重要的是通过社交网络分享、传播出去，向大众传递《经济学人》的观点和理念。

Espresso是《经济学人》170多年历史上首个以24小时为周期的新闻产品，在媒体追求速度的当下，它成为提升“出镜率”的新尝试。其主体部分仅由5篇文章组成，且每篇不超过150个单词，对读者当天必须要知道的事情进行精辟的解释。第二部分提供前夜发生的新闻集合，但方式更加简洁。第三部分提供股票市场的数据。每个工作日早上推送，用户在每天早餐之前，可以通过这款应用或邮件服务来掌握全球政治经济生活的最新趋势，正如一杯早餐时的浓缩咖啡。Micklethwait认为它是一份《经济学人》日报（*A Daily Economist*）：“我们省略的和我们呈现的同等重要。”[1]

而GBR的诞生，则更多地依赖于智能手机用户（尤其是在亚洲地区）的爆炸性增长。依托这个进程，GBR作为一款双语APP，在亚洲市场打开了销路。高质量的翻译对应着高成本，因此双语版的刊物始终只是一个设想，难以实现。但是GBR提供了新的平台和思路，只需要翻译精选的10%的文章，大大降低了成本。尤其是对于中国市场难以进入的问题，GBR是一个聪明的解决方案。

[1] 魏星.172岁《经济学人》的变与不变[EB/OL]. [2015-03-03].（2015.03.03）http://money.163.com/15/0303/ 09/AJP6PK8K00253B0H.html.

（三）多元化平台的设计与管理

Standage曾经谈到："新媒体只是印刷内容的新呈现方式。我们的模式是，读者可以在任何平台、任何时间获得内容。所以，我们不将这看作从纸质到网络的转变，而是从单一纸质平台到许多平台的转变，并且平台的数量正在不断增长。"[1]考察已有的产品或平台是否应该存续、新的产品或者平台是否值得被发展，需要通过两方面的考量，一是能否提升订户们所订阅的产品包的价值，二是可否带来现有的订户以外的新读者，二者至少居其一。对于《经济学人》来说，数字化平台是更好地服务于已有订户的手段，也是发展新用户的途径，这就是《经济学人》的数字化发展策略。

例如《经济学人》有声版本，即周刊文章的朗读音频出版物，免费提供给订阅了周刊的用户，这是赠予订户的额外产品，更有利于订户的留存。这一产品就实现了第一方面的要求：提升了整个产品订阅包的价值。又如播客和视频，《经济学人》并不以此盈利，但是它们能在SoundCloud或是Facebook等社交媒体平台上吸引周刊的潜在读者，提升刊物的知名度，扩大其推广范围。这样的产品则是实现第二个要求的典型代表：为《经济学人》带来新用户。

下面将以Espresso和GBR为例，概述《经济学人》新产品的设计与发展。

在《经济学人》内部，一个新的产品设计理念的提出，可能来自主编，也可能来自记者，或是市场部的销售人员。Standage提出，创新应该成为所有人的工作："我们绝对不会做的事情是，让一个团队来实现另外一个团队的创意，而让他们去想新点子。"

Standage是《经济学人》的数字化策略团队主管，各个新产品的设计与开发往往由他牵头实施。这个团队每年至少要提出十项关于新产品和新平台的创意。Espresso的创意确由Standage提出，而GBR则是由经济

[1] 《经济学人》怎样办网站[EB/OL]. [2013-10-21]. http://video.caixin.com/2013-10-21/100593768.html.

学人集团亚洲分部的一些员工提出的想法。时任主编John Micklethwait表示喜欢这些想法，于是将设想提交公司管理层，得到肯定的答复之后，就可以着手去做了。

一项新产品从提出设想到步入正轨，需要六七个月的时间，需要从各个部门抽调人手组成开发团队。以Espresso的产生为例，Standage作为编辑内容主管，主要负责设计内容模型，即在这个应用中要以什么样的形式展示文章，通过内部通信（Newsletter）的方式，每天将内容范例发送给集团内部的工作人员，听取所有人对内容模型的建议；来自技术开发部门的Nicholas Minter-Green作为技术与商业主管，与外部开发人员一起，负责搭建内容管理系统（CMS，Content Management System）和开发应用；来自市场部的销售人员则监督产品的发行，负责解决定价一类的问题，确保商业模型能够成功运转。临近正式发行，将任命在伦敦的两名编辑具体负责Espresso每个版本的主要工作；华盛顿和新加坡的团队也会提供支持，以便将内容分发给国际市场，并保证App的24小时运作。

对于传统媒体来说，在新的形势下最需要转变的理念，是要从一个技术企业、一个创业公司的角度，而不仅仅是一个出版者的角度进行思考。发行一本新的刊物，一旦确定了整体的风格和定位，就会延续下去、不再改变，改变的只是每一期的内容；但是对于一个软件来说，它需要不断创新、不断升级，从内容到形式上都需要新的突破，初期的开发只是一个开始。Standage认为这虽然很困难，但它是一个极为必要的转变，包括各部门协作的团队开发模式，也是传统媒体转型需要迈出的重要一步。

（四）保持风格和内容的一致性

面对多个传播平台，尽管传播形式的分化、各个平台的不同特点导致了表达形式的差异，但《经济学人》尽力保持内容、观点、风格的一致性。

一方面，Standage强调，《经济学人》始终坚持“同一群人，带着同样的态度和相同的专业知识”。在内部组织结构方面，《经济学人》

没有单列的数字化编辑部门，而是以团队的形式，促成编辑和记者之间不同领域的分工合作，例如社交媒体团队、新闻团队、全媒体团队等，事实上都是同样的一群人不同的组合。为周刊写作的记者，同时也为GBR和Espresso供稿，在这样的结构下，《经济学人》以不同形式呈现的内容才能保证思想和风格上的统一，不会出现观点上的矛盾。Espresso推送的文章短小精干，往往是周刊中文章的精华版，也是由周刊文章的记者执笔进行写作。

一些传统媒体，在数字化转型的前期，会为网站专门设立一个编辑部，很可能还是一个大型的编辑部，但是之后会发现，这样的做法难以保证采编队伍的完整性和一致性；而此时想要结束这种做法，就又面临着裁员取舍的难题。在初期，《经济学人》编辑部也曾经委任四名编辑及记者专职负责网站事宜，问题暴露之后及时进行了纠正。

而在另一方面，由于《经济学人》的商业模式，不依赖于广告收入而以提升订阅量为主要目标，各个平台的主要功能应看作是推广《经济学人》的观点及思想，扩大其影响范围。因此在利用诸如Apple News等门户类聚合性平台时，《经济学人》选择推送精选文章及观点，而不是将所有内容一览无余地放上去，从而吸引读者访问网站，或是订阅《经济学人》。同时，由于一些平台本身的限制，比如在Apple News平台上，交互图表无法显示，因此推送的将是简化版的内容。

在所有产品、所有平台发布内容风格和观点一致的前提下，根据平台的不同性质对发布内容进行挑选或简化，是《经济学人》保证品质、充分利用平台的一举两得的措施。数字化时代的多元平台的发展，要尽力避免对百年品牌影响力的削减，而应该成为品牌提升的助推器。

二、保持“贵”的声誉：《经济学人》的商业模式

一件商品想要卖出高价，就必须具有和价格相对应的质量。报纸也不例外。《经济学人》素来被看作是一份昂贵的刊物，这与其内容的高质量是分不开的。在数字化时代，《经济学人》依然坚持“内容为

王”，在高品质的坚实基础下，才会有更多的人愿意为这份报纸付钱。本部分将对《经济学人》的商业模式进行分析。

从2000年开始，传统纸媒的发行量开始走下坡路；2008年金融危机之后，世界范围内的传统媒体都受到了巨大的冲击，一方面发行量骤减，另一方面广告收入急剧下降。正是在这种情况下，传统媒体开始寻求数字化转型。一些媒体走上完全开放的道路，比如《卫报》，通过免费来赢得庞大的读者群，通过点击率获得更高的广告价值；另一些媒体则探索了付费墙模式，通过提高发行收入来弥补日趋下降的广告收入。《经济学人》即为后者，并在这种模式的不断深化下，形成了发行/订阅收入为主、多元经营的商业模式。

以韩国为例，报纸行业仍然有80%以上的收入来自广告，Standage认为这是一个非常危险的状况，因为印刷广告收入在不断下降。他认为，在找到其他支持新闻业的途径之前，依靠订阅收入是最好、最稳定的选择。

不同于从来没有将订阅收入作为依赖的出版者，在这一点上《经济学人》不需要转型，无须经历提价，甚至对曾经免费的产品定价这样艰难的转折点。截至2015年2月，《经济学人》平均每期发行量达到160万份，发行收入约1.66亿英镑，占集团总收入3.28亿英镑的一半左右；而广告收入8300万英镑，约占总收入的四分之一。[1]

（一）塑造品牌：互联网时代更需高品质内容

《经济学人》内容的独特之处在于不仅仅为读者提供了新闻报道和信息，并且提供了观点和思考方向，这是该杂志的核心竞争力。正如Micklethwait所说：“《经济学人》与别的媒体不同，我们有自己看世界的角度、有自己的风格、有自己的思想体系；我们是世界性媒体，专注于报道和分析全球政治、经济的关联和互动，我们是中立的、客观的。”[2]

---

[1] 经济学人集团2015年报（Annual Report 2015 of the Economist Group）

[2] 互联网时代《经济学人》杂志的成功之道 [EB/OL]. [2014-02-20]. http://www.qstheory.cn/zs/zhls/201402/t20140220_322831.htm.

Standage在接受腾讯网采访时，曾经将《经济学人》在互联网时代的良好发展归因于三点：将政治、经济联系在一起看待不同重大事件；信息的碎片化导致高质量新闻需求凸显；多平台形式呈现内容。[1]前两点可以总结成报道的广度和深度，即高品质的新闻。他认为，既然不能强迫人们买不好的东西，那么高质量的新闻就是整个商业模式的基础，正是有价值的内容才让人们依然愿意购买《经济学人》。

举例来说，《经济学人》始终如一的严格采编程序，是报道质量的坚实保障。《经济学人》的采编队伍人数少而精，目前只有70多名记者和编辑，却遵循一套严格的编辑核稿作业程序。第一，其编采过程是一种“集体协作编采”关系，记者要参与编务，编辑也要写稿，版权一律归属《经济学人》。编辑部曾出版过一本名叫《风格》的蓝色小册子，是所有杂志编辑和记者的写作圣经，它系统且细致制定了《经济学人》杂志写作规则。第二，该刊采取传统的编辑核稿作业程序，因为文稿不署名，代表的是共识立场，编辑时反而可以没有负担，全然放手修订。为保证杂志质量，《经济学人》争取在杂志出版前，将出现错误的可能性降到最低。在选题制定初期，编辑部任何人有任何点子，都要在编务会上开诚布公，所有与会人员发表各自意见。成文后主编亲自审阅超过90%的文章，检查每一个拼写、每一个句子，以及文章中使用的每一个数据和事例的表述。一百多年来，《经济学人》始终严格坚持这一传统，以确保稳定的高品质内容。[2]

《经济学人》之前的报道主要关注发达国家，而其自身定位为全球性的新闻周刊。因此近年来，它的关注重心逐渐转移至发展中国家，报道网络也努力向这些国

[1] 王帆. 对话《经济学人》科技版主编Tom Standage [EB/OL]. [2013-09-30]. http://tech.qq.com/a/20130930/002923.htm.

[2] 刘滢. 英国经济学人集团的品牌拓展与新媒体战略[J]. 中国记者，2013，10：71.

家延伸，已经在印度、南非、埃及、巴西等地建立了报道网络，这与以中国为代表的发展中国家不断发展壮大有直接关系。《经济学人》认为应该对这些国家和地区进行高品质、经常性报道，因此不惜花重金推出非洲偏僻角落探访、博茨瓦纳贸易政策解读、印尼化学燃料调查等长达几十页的报道。这些独家、视角独特的深度报道，吸引了受众的眼球。

此外，匠心独运的封面设计也是《经济学人》的一大特色。从封面文章的配图设计就可以看出整个编辑部的风格和观点，在日本“3·11”大地震之后，《经济学人》推出的封面报道在同类杂志中一举胜出，超过《彭博商业周刊》《时代周刊》。当期的《经济学人》杂志，封面采用的是希腊神话里西西弗斯受诸神处罚、每天把一块大石推上山的意象，表达日本当前的困境。无论是代表日本国旗的太阳，还是身着防辐射服装的人，其寓意是不言而喻的；而太阳、山坡也给人无穷的想象空间。[1]

（二）品牌延伸：多元化发展

经过100多年的发展，时至今日，《经济学人》已经不仅仅是一份报纸，它同时也是一个传媒集团。目前经济学人集团包括1946年创立于伦敦的经济学人信息部（the economist intelligence unit），1955年在美国创办的《点名》（*Roll Call*），1985年在美国创建的《财务总监》（*CFO*）国际家族系列、《欧洲之声》（*European Voice*），以及经济学人网站。此外，《智生活》（*Intelligent Life*）、《The World In》也是其旗下出版物。

Standage介绍说，旗下的报纸、杂志都是平级的单位，都向总编辑Zanny Beddoes汇报工作，总体上来说采编是分开的，共享的只是广告、市场部等资源。但是有时，也会有记者同时为两种刊物供稿。

分析经济学人集团旗下各部门的业务状况，可以将其业务领域分为媒体内容、信息/公关服务和会议/培训三大块。其中媒体内容是集团的

[1] 互联网时代《经济学人》杂志的成功之道 [EB/OL]. [2014-02-20]. http://www.qstheory.cn/zs/zhls/201402/t20140220_322831.htm.

主营业务，也是主要收入来源，其他业务板块依托前者的品牌效应和信息资源来发展，并成为媒体内容的有力补充。[1]

三大业务板块的具体业务如下：

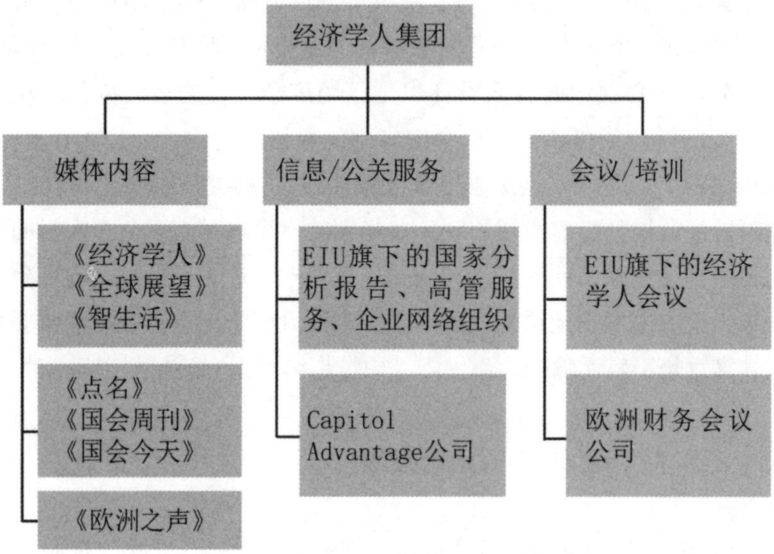

图2-1　经济学人集团三大业务板块

根据经济学人集团2015年报，在发行收入之外，其他收入也占据不小的比例。

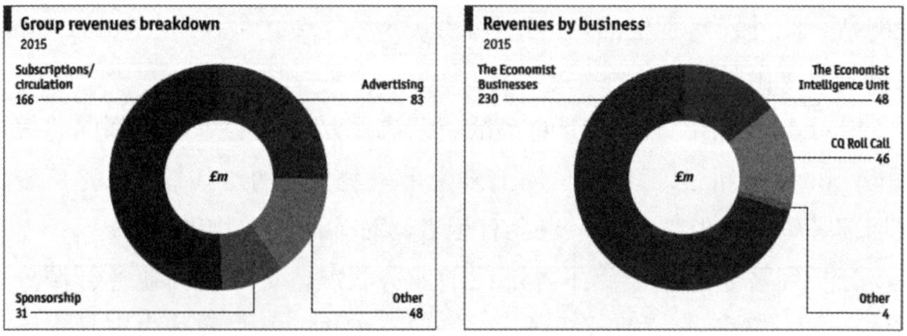

图2-2　经济学人集团2015年报截图

[1]　互联网时代《经济学人》杂志的成功之道 [EB/OL]. [2014-02-20]. http://www.qstheory.cn/zs/zhls/201402/t20140220_322831.htm.

值得一提的是《经济学人》信息部（Economist Intelligence Unit，EIU）。《经济学人》是一个智库型的组织，提供充满“智慧”的高端内容产品是该刊长期努力的方向。1946年，EIU成立，提供包括世界各国、地区、行业领域内的分析和预测，作为杂志的业务延伸，其产品通过杂志在各地区的分部进行营销，分别核算。从2011年开始，经济学人集团将这一部分业务进一步提升，开始统一核算。截至2011年底，EIU拥有雇员263人，有超过100名专职分析师，另外还有650多名分布在世界各地的兼职分析人员。[1]专业研究和数据，正是《经济学人》的独特之处。

为了实施进一步的品牌延伸，经济学人集团还把杂志所发表过的文章和数据进行包装、分类，重新组合之后形成辛迪加（垄断）产品，销售给经济类的外语出版商，完成新闻产品的三次营销。[2]“许多报刊高质量内容的生产能力不在《经济学人》之下，但它们缺乏《经济学人》所精心维护的那种必读性。《经济学人》的核心价值在于，它就像一个定期提供信息产品包的秘书，并以自己的品牌确保读者通过有限度的阅读就能够获取他们所需要的信息。在网络媒体出售不加挑拣的‘多’的时候，他们则出售精心选择的‘少’，从而保留甚至放大了自己的价值。”[3]

2012年，经济学人集团收购了数字媒体和公共关系公司TVC。总部位于伦敦的TVC集团是一家知名营销传播机构，专注提供内容驱动式公关和创意服务。TVC集团在伦敦有50多名员工，服务的客户包括可口可乐公司、英国天然气公司、路易威登公司等。此次收购符合经济学人集团长期的商业战略，即为不断增长的客户群构建范围广泛的服务。本次交易让经济学人集团能够为各大品牌和广告机构提供一组“超越平面”的新选择，为包括数字广告、活动赞助和思想领导力建设等现有多样化产品组合增添新的内容。通过内容激活项目和创意品牌传播，TVC将为经济学

[1] 刘滢. 英国经济学人集团的品牌拓展与新媒体战略[J]. 中国记者，2013，10：71.

[2] 黄玲. 金融危机背景下我国财经期刊经营模式的转型问题——逆势上扬的《经济学人》杂志带来的启示[J]. 现代出版，2010（5）：56-59.

[3] “以少胜多”的《经济学人》[J]. 21世纪商业评论，2009（8）.

人集团的客户提供更多的“市场对接路径”。在TVC的协助下，经济学人集团能够进一步推进与合作伙伴的对话，进一步建立能体现多样性和需求变化的合作关系。

（三）《经济学人》的付费墙模式

经济学人网站所采用的是被称为“Metered Paywall”的付费墙模式，即网站内容在一定阅读数量之内免费，超过限度之后才收费。

具体到经济学人网站，未登录用户每周可以免费浏览一篇文章。而注册登录的用户，可以浏览三篇文章。Standage介绍说，注册用户登记了邮箱等信息，方便工作人员向其推广产品。而订阅用户可以免费浏览网站所有内容。

订阅印刷版需要130美元，订阅电子版也需要130美元，而只要花165美元（155英镑）就可以同时拥有印刷版和电子版。“理想状况是，我们希望我们的用户既是印刷版订户也是数字版订户，我们希望他们为两个产品付费。”而这样的希望似乎正在实现：同时订阅两个版本的用户数量呈现上升趋势。Standage说：“总的来说，我们现在有160万订户，一半同时订阅两个版本，分别订阅纸质版和电子版的各占四分之一。这就是我们为何没有单独的电子版订阅目标的原因，我们希望他们重叠付费，为两个版本都掏钱。”

Espresso免费提供给《经济学人》周刊的订阅用户。目前共推出了美国、欧洲和亚洲三个版本，用户可以在苹果和安卓应用市场下载，非订阅用户可以享受首月免费使用的优惠，随后每月的费用是3.99美元（2.49英镑）。

GBR同样是免费下载，非订阅用户可以免费获得当月的月刊，并且可以在每月的1日免费阅读三篇免费文章，在每周五免费阅读一篇同步推出的封面文章。但作为一个独立的产品，GBR的订阅需要另付费用，不与周刊打包订阅。

（四）广告的新形式：赞助

在印刷广告不断流失的同时，媒体网站所能获得的网络广告也十分有限。网络广告更多地流向门户网站和社交网站，报纸网站难以分一杯羹。在这种情况下，《经济学人》倾向于使用一种新的广告模式，称之为Customer Contents或者是Sponsorship Contents，可以译为“赞助”。

一个好的例子是经济学人与通用电气（GE）的合作。GE赞助了经济学人的一个博客Look Ahead（展望未来，gelookahead.economist.com），希望与创新、未来、科技联系起来。这是经济学人最火的博客之一，相当于由GE冠名，而GE对于内容没有任何影响力。GE在博客的页面上有一个标签，人们可以点击，然后链接至GE的内容。

Standage认为这是一个非常好的获取广告收入的途径，只要编辑部能够掌握绝对的编辑控制权，保证内容不受赞助商左右，那么网站一方面可以获得广告收入，另一方面也不容易给读者造成分不清广告与内容的困惑。

三、更加宽容的数字化成长土壤

当地时间8月12日，培生集团在官网上发布消息称，培生集团将以4.69亿英镑（约7.31亿美元）出售旗下经济学人集团50%的股份。培生集团官网上的消息显示，阿涅利家族旗下投资机构Exor将以2.275亿英镑收购经济学人集团27.8%的股份。同时，还将以5950万英镑收购培生集团所持的B类股份。经济学人集团将以1.82亿英镑回购培生集团手中剩余的普通股。

Standage丝毫不担心《经济学人》未来的独立性问题，正如总编辑Beddoes在接受财新专访时表现出的那样[1]。Standage介绍说，培生集团

[1] 向立心. 版权变动不影响《经济学人》独立性——《经济学人》女总编贝多斯印象之二[EB/OL]. [2015-11-22]. http://video.caixin.com/2015-11-22/100876700.html.

原本就对《经济学人》的内容没有任何影响力，而现在Exor所拥有的投票权更低，更何况高低与否都不会对报纸的独立性造成任何威胁。

不只是在中国，在英国也会有旗下媒体为母公司做宣传的情况发生。但是在经济学人集团，记者可能永远都见不到董事会成员；持股人也没有途径去表达他们想要做什么样的内容。Standage说，作为经济学人集团的持股人，都很明白这份百年老报的精神精髓就在于独立性，中立和客观是持股人不舍得破坏的优秀品质；一旦破坏了《经济学人》的独立性，就相当于毁了这份报纸。“以前管理层对报纸没有过影响，以后也不会有。”

而Standage更重视并且更欣慰的，其实是新的董事会对数字化事业发展的支持。

另一方面，2015年2月上任的《经济学人》首任女总编Beddoes也极为关注数字化进程。在她上任后，编辑团队的更替中显现出年轻化的趋势，Standage认为这是值得高兴的：年轻化的团队在数字化的环境中成长起来，更容易接受数字化转型。Standage说，在这些因素的驱动之下，2015年《经济学人》的数字化进程取得了很大的进展和成功，包括GBR和Film的推出，等等。

作为一份百年老报，在互联网浪潮和经济危机的双重冲击下，《经济学人》未退反进。变的是形式，是平台，是传播途径；不变的是内容，是观点，是对高品质的追求。

对于《经济学人》来说，数字化转型的关键不是盈利模式的转变，因为立足于订阅收入而非广告收入是它一直以来的追求；转型的关键在于经营思想的转变，要通过不断的创新来适应技术的迅速革新和读者兴趣的快速转移，不断提升产品价值，运用好多样化的平台提升自身的影响力，经营好多元化的产业实现全方位的盈利。

Standage说，未来，报纸的数量只会越来越少，但是，有担当的媒体永远不多余。

（文/刘颂杰　沈玉芸）

附录：《经济学人》副主编Tom Standage访谈实录

L=刘颂杰 S=Tom Standage

《经济学人》副主编Tom Standage
（刘颂杰　摄）

《经济学人》的数字化策略

L：您曾提到，数字化转型是从单个平台向多个平台的切换。那么，您会如何描述《经济学人》数字化转型的整体策略？

S：当我们评价想要创造的潜在的内容平台，或者已经存在的平台时，我们有两个测试。第一个测试是，它能提升订户们所订阅的产品的价值吗？所以我们所做的事情是要让我们的订阅产品更有价值。第二个测试是，它能否为我们带来现有的订户以外的新读者？有时候，有的产品可以同时做到这两件事。但是它们至少要达成其中一个要求，我们才会考虑去发展这样一个平台。

举个例子，音频出版物，就是我们周刊上每一篇文章的有声阅读版，只提供给我们的现有订户。但是这对订户来说是一个好处，让我们能够更容易地维持这些订户。这是通过了第一个测试的例子。

类似播客、视频的一些东西，并不是我们订阅产品的一部分，但是我们将它放在Sound Cloud或者Facebook这些（社交平台）上。它们能做的就是在一群新的（没有接触过我们的订阅产品）人群中，为我们分辨出我们的受众有哪些。这就是通过了第二个测试的产品。这就是为什么我们会做播客和视频，尽管我们不以此盈利，因为我们想通过它们向更多的人介绍《经济学人》。

有些产品能够同时做到这两件事，最好的例子就是Espresso每日推送的应用。一方面，Espresso对于我们的订户是免费的，所以它为我们的订阅产品增加了价值；另一方面，对于可能因为《经济学人》太贵了或者内容太多了而没有订阅的人来说，他们可能不想花钱去订阅那些评论文章，但是他们乐意看到我们推送的每日摘要，Espresso能够触及这些新用户。所以Espresso达成了这两个条件。这就是我们的方法：我们将数字化平台看作是更好地服务已有订户的手段，也将它们看作我们发展新用户的方式。

L：我看了经济学人集团的年报，注意到从2011年到现在，财务数据非常好，《经济学人》表现平稳。您认为背后的原因是什么？

S：我认为这很简单。我想我们拥有一份大家仍然愿意购买的产品，而且我们收入的主要来源就是我们的读者。所以，只要人们依然愿意购买我们的产品，而且这些人是我们主要的收入源，那我们就拥有了稳定性。我认为很多出版机构有一个问题，就是他们的收入来源主要是广告。广告是一桩多变的生意，而且在数字化过程中，（传统媒体的）广告收入都是下降的。而我们在广告方面依赖性更低。说到底，我们有一个很简单的商业模式：读者付钱给我们，以节省他们的时间。并且，这是他们依然愿意做的事情。事实上，媒体环境越嘈杂，内容和渠道越多，人们越困惑，我们所能提供的就更多。所以，我认为这就是我们表现平稳的原因——因为我们在向读者出售他们依然愿意购买的服务，不仅仅是广告页——他们不再像以前那样愿意购买这个了。

L：您曾提到，有三个因素构筑了你们的成功，报道的广度、深度，以及多样化的平台。请您阐释一下。

S：是这样的。显然我们不能让人们花钱去买不好的产品，因此我们必须做到这些（广度、深度）。另一个让我们能够和别人区别开来的是，我们的订阅产品确实是很贵的，130美元一年，比大多数的周刊组合都要贵。我们只有保持产品的高质量，才能收取这样的价格。所以，高质量的新闻是我们整个商业模式的基础。还有一个差别是我们的收入主要靠订阅。我们可以看到，其他欧洲媒体也在转换到这个模式，现在普遍的广告和发行收入对半。但是在很多其他的国家，比如韩国，报纸行业仍然有80%以上的收入来自广告。这是一个非常危险的状况，因为印刷广告收入在下降。在找到其他支持新闻业的途径之前，订阅收入是我们最好的选择。对于从来没有将订阅收入作为支柱的出版机构来说，转型很困难，因为他们需要提高价格，让人们为以前不用花很多钱甚至不花钱的东西买单，所以这是一个艰难的转折。但我们始终将订阅收入作为收入的重要组成部分，并且还在不断变大；而广告收入是很少的一部分。我们也有一些其他的收入，所以在65％的发行收入之外，也不全是广告收入。比如EIU（经济学人智库），它的读者群，它的会议，还有广告；但是事实上直到现在，它也没有很大的份额，占我们收入的不到18％。

L：正如您所说，《经济学人》在这个市场中是独特的。如果一些中国媒体想要学习你们的经验，或许照搬经验是行不通的。您有什么建议？

S：我认为任何人想要复制我们的经验都是很难的，不是因为我们做了什么聪明的事情，而是因为我们的成功是一些机缘巧合的结果。

我们的一个优势是，我们是一家英文出版机构，所以我们能够用英语——商务中最国际化的语言，与这个世界对话。在美国，尤其是我们的读者多数在那里——我们超过一半的读者是美国人，（对于他们来说）我们能为美国发生的事情提供一个外部视角，这是我们的优势。

我觉得，始终重点依靠订阅收入是一件好事；我们一直都有“贵”的名声。这很好，因为假如便宜的名声在外，人们就都记得您的价格（您就很难提高价格）。但是正如我们常说的，高的价格对应着高质量的内容。所以，转换到这个模式非常难。

这是我们很幸运处在这个位置的原因。在西方，有人愿意为一些数字内容付费，所以我们能获得电子订户。在纸质版之外，纸质版和电子版的组合是我们最受欢迎的产品。我们可以看到西方媒体是如何运作的，因为人们愿意为电子书、为音乐付费。我知道尽管电子书在中国很流行，但（收费）依然很难。我们也面临这个问题，因为现在我们有中英双语的产品《全球商业评论》；我们要和各个应用市场的破解版斗智斗勇。困难的主要原因就是人们不愿为这些内容付费。不仅这样，我们确实很贵。所以我认为无论在哪里复制我们的模式都很难，尤其是在中国。

L：《经济学人》的表现很平稳，但你们是否有扩大读者群和发行量的压力？未来将如何？

S：是的。读者是发行量的基础，这是我们感兴趣的。但是现在我们关注的是如何让现存的发行量发挥更大的效益。比起关注发行数量，我们更想提升发行的盈利能力。如果您看我们的年报，这就是过去两年正在发生的。（取消折扣）让那些享受折扣的订户自主离开，而不是对他们说"如果你们留下我就给您折扣"，而是去寻找其他愿意出更高价钱的订户。所以我们在这个过程中保持了发行量稳定。我认为我们在提高盈利能力的路上能走多远走多远，然后再回头来追求发行量。从长远来看，我们的方式是想要让更多人知道我们在做什么，知道我们这个周刊，知道我们不仅报道商业和金融，还会报道许多事情。所以我们的目标是要触及更多的数字化平台，通过社交媒体、视频、播客，将我们介绍给未来有可能成为我们订户的人们。所以我们在Facebook有600万关注者，Twitter有1100万，这比我们的发行量多得多。我们希望这些人里面，将来会有一些成为我们的订户。这就是我们的计划。

与社交媒体合作

L：你们如何对待像Facebook和Twitter这些社交媒体的平台？你们之间有什么合作？

S：我们有很密切的合作，他们告诉我们有新的（媒体）特色功能，我们在FB上推送我们的即时新闻报道，希望能尽可能地利用这些平台。

通常这些社交媒体平台能给我们带来30%的页面访问量。好的一点是，就算这些人不点击（进入我们的网页），我们每个月也有将近2500万人访问FB（我们的公众页面）。我们每个月有3000万的网站访问量，所以如果考虑到增加我们内容的阅读量，应该通过FB吸引很多的人来访问我们的网站。这是第一步。这说明了这些人的某个朋友分享了（我们的内容），或者类似这样。这只是一个开端，大概可以让人们了解到《经济学人》覆盖了非常广的话题范围。这确实是我们想要将自己展现给尽可能多的人的方式。我们做过市场调查，我们认为我们有160万的发行量。我们觉得，世界上讲英语的人中，大概有1700万像我们现有的读者一样，他们看待这个世界的方式相似。我们称他们为“进步分子”，他们对国际事务感兴趣，对未来感兴趣，他们对未来持乐观态度，他们对科技感兴趣……他们有我能从我们现有读者身上辨识出的一切品质，这些就是我们在寻找的人。如果把范围扩大到全世界，而不仅仅是讲英语的人，那我们觉得这个数字会上升到1.3亿。如果从这个角度看，那我们在潜在市场里的影响力是非常小的。所以我们想通过社交平台、通过视频电视构建我们的影响力，只为尽快接触到我们认为应该是我们读者的人。

L：现在你们有没有与这些公司分享收入的计划？

S：我不认为我们会从（这些平台）挣取收入。FB不是一个打广告的地方，所以我们也不会做一些诱导性的广告和视频放在FB上，我们不是在出售（产品）。我们也不会在YouTube上打广告。我们只是利用这些平台告诉人们我们的新闻的质量，而不会从这些平台直接获利。

产品创新与开发

L：在产品创新方面，以Espresso为例，你们是怎么决定要做这一类新产品的？

S：Espresso基本上是我的主意，我向当时的主编John Micklethwait提了这个建议，他说他很喜欢。我又把这个建议提给公司的管理委员会，他们都说好啊，可以着手去做，所以我们就做了这个。

GBR是公司的亚洲分部提出的想法，他们说这个产品适合亚洲，向John汇报之后他也认为是个好主意，然后就去做了。所以只要大家愿意做一个产品，提出设想之后得到肯定的答复，就可以着手去做。

L：所以产品创新的点子可以是不同管理层/位置的人提出来的。

S：是的。但是我们意识到这是一个过程，提出设想之后要修正它。每次我们做这样一个特别的项目，就需要一个特别的队伍，可能会从不同的部门抽调人手，接下来半年一起做这个产品，直到我们觉得它已经（走上正轨）变成了一桩寻常的业务。我们意识到，实际上，我们需要做到产品的发展和创新、商业化和常规化。我们也算是在制造产品，所以我们现在拥有新产品的开发部门，由我主管。基本上我们每年能提出十个新想法，不断地尝试新的主意。

上个月我们刚刚完成了我们的第一个虚拟现实（VR）项目，应该会在明年开放下载。这就是我们在做的技术类的产品，市场部门的同事们很关注它，因为可以将它运用在营销当中。视频部门也是，很乐意用一些VR技术。我们如何使这个产品从想法到实现，如何共同工作，还有我们怎样在商业的不同部分中使用它，这就是我们对新产品的处理方式之一。另一种是APP，我们有产品以及专门的产品团队来运营所有的应用，并且他们不断寻找应有的发展思路，比如我们是不是该继续开发新的应用之类的问题。所以这种方式就是让一个团队负责考量当前我们在这个领域拥有的机会。

我们绝对不会做的是让一个团队来接手另一个团队做的产品，让他们去想新点子。我们希望创新能成为所有人的工作，随时都在开发新产品，这就是我们过去两年一直在做的：让一个研发新产品从一种特殊项目，逐渐成熟成为一件日常工作。我们依然有很远的路要走。不过，我觉得这是一个很大的转变。我们要从一个技术企业的角度思考，不仅仅是一个出版机构的角度。出版在如今是一项落后的事业了。出版商发行一本新杂志、一个新产品，然后他们就会延续着这个套路并且不再改变，只改变里面的内容，他们认为这样就完成了。而相反的，对于软件公司、技术公司，软件的开发永不止步，开发新产品只是一个开始，之后，要验证，要改变，包括改变内容和改变软件。对于出版机构来说，这真的是一个困难的转型，但我认为出版业的所有人都应该学会从不同的角度去考虑，因为我们的竞争对手正是这些科技公司，而他们已经准备好了。

L：回到Espresso这个案例上来，您是如何将各个部门的人吸引过来组成团队的？他们来自哪些部门？

S：Espersso团队中，我们有来自技术产品开发部门的人，算是商业和技术主管，我是编辑内容主管。所以我开发了内容模型——如何展示文章。一开始我们是通过邮件交流的，就在经济学人内部，所以我们每天发内部通信给大家，问大家的意见，比如说会不会太长或者太短，我们解决这些问题。同时，Renee作为商业产品主管，她负责搭建内容管理系统（CMS，Content Management System）和开发应用，而且我们还有外部开发人员一起搭建这两样系统。Renee管理着这个进程。接着我们有来自市场部的销售人员监督产品的发行，确保商业模型能运转，比如定价这一类的问题全部由他们负责。接近正式发行的时候，我们还需要任命两名记者作为Espresso的编辑；还要安排分别在华盛顿和新加坡的人，保证Espresso能够24小时运转。我们要把这些全都做好。从我有Espresso这个设想到它真正发行的六七个月之中，这些都是我们需要做的。

L：所以你们现在有一个专门运营Espresso的团队，不为其他部门工作？

S：Espresso有两位编辑，他们有时也给报纸写稿，但是多数还是做Espresso的工作。为Espresso供稿的记者和写其他内容的记者是同一批人，我们没有分开的编辑和分开的记者。这是我们模式的一部分，非常重要，Espresso和周刊是同一群人，带着同样的态度、相同的专业知识。

L：现在你们有很多平台，如何保证不同平台发布的内容保持一致的风格？

S：这确实是件困难的事。现在平台越来越多，比如说我们还使用Apple News，越多的平台代表着越多的非常规化处理问题。比如说，视频可以放在所有的平台上，但是交互图表不行：我们的网站支持，用手机访问也支持，但是Apple News不支持，很多像这样的情况。您可以看到很多媒体把所有内容都放在Apple News上，如果这成为以后人们阅读的主要方式，那我们确实不用再做交互了。但是对我们来说，我们在Apple News放的是精选内容，而不是所有内容，我们还是希望人们能够来访问我们的网站，订阅我们的产品。如果您的公司依靠的是读者群和广告收入，那可以；而我们不是这样，我们依靠的是发行量，所以我们要把人们吸引到我们的网站、我们自己的平台来，在这里我们可以做任何形式的内容。所以在各个平台发布的内容有一个一致性和简化相权衡的问题。

L：你们什么时候决定发行GBR的？为什么？它是一项很大的数字化变革。

S：对。多年来我们一直很想翻译我们的文章，但问题是高质量的翻译太贵了，而且很慢。但是智能手机给了我们这个做外语出版物的机会。因为这样可以做到时效性。于是我们做了GBR，每周选10%的文章，一个月将近40篇，不选突发新闻，选一些分析类的文章。一周10篇给了我们好好翻译的时间。所以，GBR是我们出版一份外语刊物的试验品。手机能实现双语切换，这是很酷的，您可以通过阅读英语版本来证明您的英语水平，遇到不懂的句子还可以切换回中文。我们开发应用的时候就准备好了未来能加入其他语言，到时候就能实现西语、中文、日语等等多种语言的自由切换——不过我不知道这需要多久。智能手机的广泛应用让我们看到了这个契机，能够进入中国这个巨大的市场。

L：现在它卖得如何？

S：有人订阅，但是具体数字不便公开。中国市场有我们的读者，但是如果我们在中国搞一场宏大的《经济学人》印刷版推销会，可能会有一定的风险……我觉得这个我们可以忍受，虽然在中国市场的发展困难了一些。

组织架构

L：关于你们的组织结构，您在数字化事务方面工作多久了？您刚才提到没有一个单独分列的数字化部门。

S：对，没有单独的部门，但是我们有各种团队，社交媒体团队、封面设计团队、全媒体团队……他们都是和记者紧密联系在一起的。

21世纪初我们曾经尝试过，从员工里面抽调人手组成一个四人的团队专门写网稿，然后我们很快意识到，我们需要同样的人来同时为报纸和网站写作，因为文章都是有观点的。所以我们没有酿成“50人网站编辑室”的大错，很多这样做的媒体最终都意识到这很可笑，我们需要的应该是一个完整的采编队伍，可是这个时候他们还面临着怎么处理这么庞大的团队的问题。还好我们只是轻微地犯了一点小错。这也是为什么包括Espresso在内，我们都用同样的记者来写。

L：Zanny Beddoes今年成为新任总编辑，她对组织结构有什么改变吗？

S：她很重视数字化方面的内容，作为总编她确实非常重视，她觉得那是她的责任。她会问我们准备如何讲故事，能不能做视频，能不能把事情讲清楚……她把对数字化内容产量的重视程度提到了前所未有的高度。有这样的支持，我们做事就会很轻松。另一件事是Zanny带来了年轻化的团队，他们是用着Twitter长大的一代，所以说服他们跟随数字化的潮流是很轻松的，因为那是他们的成长环境。在这两点之下，我们今年取得了巨大的进步。

L：您提到年轻的编辑们正在成为各个部门的负责人，那之前的老编辑们呢？

S：人事变动时时都有，而且有新的岗位等待着他们。能力较低的人就要离开，让位给年轻人。

L：我们来聊聊最近的股权变动。Beddoes在谈到并购时说其实《经济学人》在经济上更独立。您认为股权变动会影响到编辑部门的独立性吗？

S：培生集团从来没有尝试去影响我们的报道，尽管他们有49.9%的股份；Exor所持有的更少，只有20%，影响力和投票权就更低。但是高低与否对于我们编辑部的独立性没有差别，因为持股人从来不能影响到我们。Exor说要长期致力于我们未来的发展。从我的角度来看，我很欣慰，他们对我们的数字化发展策略青睐有加，所以我觉得股权变动是个好消息。

L：但在中国有所不同。您知道在中国有一些科技公司比如百度或者阿里巴巴，他们渴望买下一些传媒公司。这让人们很担心。

S：在英国也会有媒体为母公司做宣传的事情发生。但是《经济学人》不一样，持股人不能对编辑部施加影响，大部分记者可能永远见不到董事会成员，董事会也没有途径说他们想发行点什么东西。不过我认为很重要的是，持股人能够意识到，《经济学人》最珍贵的品质就是它的独立性，一旦破坏了独立性，就是毁了这份报纸。

我们倒是很有兴趣看看FT会发生什么，日经没有在编辑部独立性方面做出预告或者是保证；但是您也知道，如果他们真的介入编辑部，这是很愚蠢的行为。不过我认为持股人对于他们不能影响编辑部这件事还是很清楚的。

L：实际上很多人不是很明白经济学人集团的组织结构，所以有时会弄混杂志和其他单位之间的关系。

S：《经济学人》杂志是集团的主要构成部分，也是主要收入和利润的来源，但是经济学人集团还有其他部分，比如EIU，包括出版和会议、TVC、一个传媒中介、《点名》等，这些都是集团的一部分。但是《经济学人》报纸是经济学人集团最大的组成部分，这就是容易搞混的原因。

L：您能否描述一下经济学人集团包括什么，比如杂志、网站，还有什么？

S：经济学人集团包括报纸和网站、应用，Economist Film是做视频的，高质量的较长的视频，我们希望这将来能发展成一个电视产品的基地。还有《智生活》，报纸的姊妹出版物，一份关于生活的杂志。

L：它也是经济学人集团的，是吗?

S：是的，这也是品牌的一部分。《智生活》和《点名》的编辑们都向Zanny汇报，它们都是《经济学人》报纸旗下的刊物，所以Zanny是所有编辑部的总编。

L：《经济学人》和《智生活》有不同的编辑团队吗?

S：有的，它们是不同的刊物。但是它们共享广告销售、市场部等资源，所以他们不是完全的相互独立的组织。

收入模式

L：之前您说到广告对于《经济学人》来说越来越不重要了。

S：广告是一项重要的收入，但是我们预期广告收入会不断下降，我们需要找到能代替它的。我们很高兴能有广告收入，但这是一项越来越艰难的业务，印刷广告数量在下降，数字广告又多数流入了FB和Google这样的网络公司，而不会来找我们这些出版商，所以我们曾经预期，到2025年，展示广告（Display Ad）就没我们做的了。人们愿意买印刷版，我们当然乐意，会继续做，但是广告数量还是在下降，一方面我们依赖发行量，另一方面我们寻找Customer Contents来代替广告。像《华盛顿邮报》，他们试图通过展示广告来挣得收入，这真的是一桩难做的生意，而且越来越难做；我很高兴我们的商业模式不是那样。

L：在经济学人集团总的年报中，总收入是3.28亿英镑，订阅收入1.66亿英镑，占50%，广告8300万英镑，占25%。在经济学人报纸公司是什么情况?

S：这是个好问题。我不太确定我们分项的数字是多少。但是我们的订阅产品是打包出售的，所以我觉得不能说报纸这边占多少，集团总体占多少，我们只计算基于集团总体的比例。广告也在变化，可能需要新种类的广告了。我们做一种称为“Customer Contents”的广告（赞助内容），这些不是我们的记者写的，应该是广告部门写的。我们通过这种方式“赞助、冠名”能赚很多钱。

L：请描述一下《经济学人》的付费墙策略。比如说，你们是怎样设计订阅产品包的?

S：游客一周只能免费看一篇文章；所以如果是一个从来没有到过经济学人网站的人，先在社交媒体分享中看了一篇文章，那他到网站看第二篇文章的时候就需要注册，注册用户一周可以免费看三篇文章。这就是我们现有的模式。注册之后，我们可以获取一些关于您的信息，就可以给您发Newsletter。我们喜欢这样的Metered Paywall，因为可以让游客看一些内容，也能吸引他们来订阅我们的报纸，所以这是一个很好的平衡。有的报社喜欢严格的付费墙，有的喜欢完全免费，但是这收不到任何钱，所以我们觉得中庸之道最可行。

L：你们如何决定价格? 我记得您说希望更多的人订阅电子版而不是印刷版。

S：不是，我们不这样想，我们定价相同，印刷版130美元，电子版130美元，我们不介意您买哪一种；但是如果您订阅两种，是165美元，所以一半的人选择两种都订，只订一种的各占四分之一。一家日报可能希望大家都订电子版，是因为印刷版很贵，这样它能省钱；而我们是周刊，并且本身定价高，所以印刷成本不是最多的，所以我们真的不介意读者选哪一种。我们希望读者两种都订。这种定价策略下读者多半两种都订。

L：中国很不一样，报纸主要依赖广告收入，缺少像《经济学人》一样有高质量的内容。

S：对于全世界的日报来说都很困难，包括《卫报》，依赖于网页广告。《纽约时报》和《华尔街日报》都在付费墙方面做得很好。《华尔街日报》像我们一样很贵。但是对于全世界的日报来说，这很困难，数量太多了。所以很多都破产了。

L：所以在中国有人会说，“让报纸死掉吧”。他们挣不了什么钱。

S：这与新闻业的政治职能有关。它可以由报纸来体现，也可以通过其他方式，社交媒体也可以承担起看门狗的责任。有担当的新闻的缺失让人焦虑，尤其是在西方。但是从商业的角度来看，以前确实有太多的报纸了，十年内报纸将会越来越少。

第三章

《卫报》：

免费“开放新闻业”的商业模式

2015年是英国《卫报》（*The Guardian*）无比风光的一年。在2016年公布的“英国传媒大奖”（British Media Awards）中，《卫报》一举拿下四大重要奖项：其网站获得了最佳网站奖，客户端拿回了最佳APP奖，数字开发团队则赢得了最佳产品团队奖，另外一项是“新闻行动奖”（Editorial Campaign of the Year）——获奖的作品“终结女性割礼全球媒体行动”，也是通过报纸、影视、信息可视化和动画等全媒体形式来传播。这有力地证明了《卫报》在内容数字化转型上的成功。

作为一份定位高端人群的主流大报，《卫报》于1821年5月5日由约翰·爱德华·泰勒创办于曼彻斯特，后与《泰晤士报》《每日电讯报》并称为英国三大报。该报素以独立著称，注重报道国际新闻，擅长发表评论和分析性专题文章，是英国严肃报纸中的翘楚。发展至今，《卫报》已成为英国报业中严肃、可信、独立的代名词，主要读者为政界人士、白领和知识分子。

事实上，《卫报》一直是业界公认的传统媒体拥抱互联网新技术的先锋。2006年，其提出了“网络优先”战略；2011年，《卫报》提出“数字优先”计划，将数字化新闻置于其战略发展的核心，以应对媒体业界“无法阻挡的趋势”。[1]

然而，纵观《卫报》的数字化转型，“开放”一直是该媒体新商业策略的核心。不同于部分英国媒体靠网络新闻付费墙盈利，《卫报》采取了开放网络资源的策略，以内容开放换取用户规模和在线广告，同时开放的新闻制作流程还吸引了不少受众参与其中，被称为“最开放、

[1] 彭雨蒙. 海外媒体的新媒体转型——以《卫报》的“数字优先”战略为例[J]. 新闻研究导刊. 2015，12：188.

最彻底的数字化转型”[1]。为了对《卫报》的转型有更为深入的认识，2015年12月，笔者对《卫报》国际事务发展部部长Penny Jones进行了专访，结合访谈内容以及相关文献资料，对《卫报》数字时代的转型理念和实践进行概述。

一、走向数字化的新闻媒体

“数字化不仅仅是把报道内容从印刷纸搬到网上，只是引进数字化技术而不改变媒体内部文化，无异于缘木求鱼。”Penny Jones指出，不少媒体对于“数字化”仍存在误解，或消极面对着。而在这股数字化浪潮中，《卫报》走在了前列。

2006年，《卫报》提出了“网络优先”的战略，要求新闻一旦撰写完成，率先刊发在网上，随后再通过报纸印刷发布。然而，该战略不是简单地将报纸内容放在网络上，而是强调将用网络彰显传统报业的优势，同时弥补传统报业的劣势，着眼于打造全球领先的新闻网站。随着《卫报》和《观察家报》等站点的合并，这一战略得到了进一步巩固和发展，实现了媒体产品的多平台化。[2]

2011年，为了适应移动网络等多种数字平台的出现所带来的改变，《卫报》又提出了“数字优先”战略，该战略主要包括五个要点[3]：

第一，让数字化战略深入人心。《卫报》认为任何一个贯彻“数字优先”策略的新闻机构要确保其部门和其他同事都应足够了解数字化，以便更高效和熟练地从事数字化工作。

第二，营造数字创新的文化氛围。《卫报》把自己定位为一个可以

[1] 彭雨蒙．海外媒体的新媒体转型——以《卫报》的“数字优先”战略为例[J]．新闻研究导刊．2015，12：188.

[2] 刘惠芳．新闻应在哪里首发——《卫报》网络体育新闻的发布策略[J]．青年记者．2013，10：68-69.

[3] 彭雨蒙．海外媒体的新媒体转型——以《卫报》的“数字优先”战略为例[J]．新闻研究导刊．2015，12：188.

像科技公司一样思考和行事的媒体公司，强调对于数据和数据科学的解读，据此在科技层面寻求创新。

第三，培养“数字优先”的思维方式。《卫报》认为，在不久的将来，也许发展战略将不再仅仅局限于“数字优先”，可能还会提出“移动优先”“视频优先”，甚至“可穿戴技术优先”。

第四，采用持续灵活的产品开发方式。《卫报》注重用户体验，采用多种途径为开发新闻产品提供市场资料。例如，《卫报》建立了自己的用户体验实验室，研究用户是如何使用产品的，为产品开发与改进提供数据支持。

第五，营造开放式的企业文化。例如，在每天早上的编辑会议上，总编和高层管理人员都与所有员工直接面对面，以便在组织内创建强有力的相互联系。

通过“数字优先”战略，《卫报》真正使“数字化生产”成为一种媒体文化，并向“数字新闻机构”迈出了坚实的一步。

“媒体变得越来越多元，这一定是一个好的信号。和以往任何一种模式不同，新的媒体组织之间会产生新的关系。”Penny Jones认为报网融合是不可抵挡的趋势。

早在1995年，《卫报》就成立了新媒体实验室，以开发《卫报》的电子发行物。1999年1月，《卫报》正式推出线上网站，同年9月，该网站的注册用户已达100万。2004年3月，《卫报》的数字版也开发上线，当时的数字版只是将纸质版内容原原本本地呈现在互联网中，但能够实现便捷地查找、翻页等功能。为了满足日益增长的美国市场的需求，2007年，《卫报》专门建立了其美国版的网站Guardianamerica.com。更改了网站域名之后，《卫报》真正从区域性报纸走向了国际性的媒体集团。2013年，其又推出了针对澳大利亚用户的数字版。[1]

“2008年，《卫报》的办公人员分布在4座城市16栋建筑物以及24层楼里，但他们就像在一个办公室里工作，报纸记者和网站记者携手合

[1] 彭雨蒙. 海外媒体的新媒体转型——以《卫报》的“数字优先”战略为例[J]. 新闻研究导刊. 2015，12：188.

作。”Penny Jones介绍，《卫报》的数字化转型仍在继续，短短几年，他们就整合了所有的采编资源，“现在报纸记者和网站记者已经没有什么两样了，设在澳大利亚和美国的卫报分社甚至压根就没有‘报纸记者’这个概念。”

报网的进一步融合对记者的从业素质提出了新要求：记者不再是单纯考虑怎样给报纸供稿，而是面对报道事件要全方位考虑，想着如何给报纸、互联网同时提供内容。因此，记者已不单单是个写稿者，而必须是个多面手，除文字外还要学会以摄影、摄像等多形式表现新闻。Penny Jones介绍，《卫报》设有专门的培训部门，帮助员工掌握最新的媒体技能。当前，卫报媒体集团正在对驻全球记者进行大规模培训，使所有记者都能够适应报纸和网络版对新闻不同特色的多重需求。

“内部培训机制是媒体人才培养的重中之重，我想这也是所有媒体都关注的。现在，有的媒体派遣员工赴硅谷学习，有的则内部制定培训方案。” Penny Jones指出，媒体必须平衡好员工的需求，确保现有媒体员工能享受到最好的学习技能的机会，并学到外界最新的经验和专业能力。“我不确定答案是否只有一个，但最糟的就是你什么都不做。”Penny Jones说道。

二、开放的新闻生产

“数字化转型的关键是要重新认识读者，要重新厘清记者和受众之间的关系，重新界定记者在社会中的角色和位置。”Penny Jones认为，数字媒体赋予读者更多参与新闻生产的途径，读者显然成为新闻生产的一个不容忽视的环节和因素。

Penny Jones的受众观与美国学者丹·吉摩如出一辙：全媒体浪潮下的“受众”，已经不再是“受众”了。在“人人都有麦克风”的时代，“受众”同时有可能就是内容的生产者。丹·吉摩认为，现在的“受众”，应该改称“参众”，因为每一个人都期待自我表达，期待参与和交流，渴望自己的话语权。让“参众”发声，让“参众”融入新闻，是媒体赢得用户的重要前提。[1]

《卫报》的数字化战略是世界媒体的标杆，被称为“最开放、最彻底的数字化转型”。如今，借助数字化转型的实践，《卫报》正把“开放”精神融入新闻生产与传播的各个环节当中，成为世界上第一家让受众自产内容、众包内容成为其核心支柱之一的媒体，同时也是第一家自发转型成为一个真正的数据共享公共平台的媒体。[2]

（一）开放的新闻生产模式

早在1995年，《卫报》便开始涉足网络领域，开发《卫报》的电子发行物。2006年，为了面对报纸订阅量的下降以及新媒体出现所带来的博客新闻学、公共新闻学等潮流，卫报集团通过“开放服务”（Open Service）、与受众“共创与参与”（Co-creation and Participatory）等方式，开始了新闻生产模式的新探索。[3]

2009年3月10日，《卫报》宣布推出“开放平台”（Open Platform）服务，开始尝试免费开放报纸的新闻资源。该平台由两种服务组成：一是内容应用程序界面API（Application Programming Interface）；二是数据存储（Data Store）资料库。通过平台获取的文章都是经过关键词分类的，并且有多种格式可供选择。

借助这一平台，《卫报》将过去十年出版过的100万篇文章作为免费分享的资源开放，使用者可以建立自己的网络应用系统使用这些内容，但条件是必须同意在加入《卫报》新闻的同时嵌入《卫报》指定的广告或者《卫报》的报纸标志。通过嵌入广告协调了网络媒体免费与盈利的关系，《卫报》的开放平台被许多业界人士认为是网络媒体发展的重要

[1] 虞国芳. 西方报业全媒体转型关键词[J]. 传媒. 2014，2：67.

[2] 刘笑盈，康秋洁. 新媒体时代国际媒体如何进行数字化报道[DB/OL]. [2014-07-21]. http：//www.cssn. cn/hqxx/tt/201407/t20140721_1261748. shtml.

[3] 张煜麟. “开放式新闻”商业模式的兴起与运作特点——以英国卫报新闻集团为例[J]. 现代传播. 2014，7：45.

一步。[1]

2012年3月，《卫报》正式提出“开放式新闻”（Open Journalism）模式，强调“当代新闻事业是一种实质地交错于信息网络中的事业，所有新闻事业的经营与运作，必须考虑到信息网络的构连，讯息的筛选、过滤与共构等事实；同时，唯有当新闻媒体成功地扮演起协助读者出版以及文本分享的角色时，媒体方得以延续其对世界的影响”[2]。

“开放式新闻”模式更加强调通过开放让读者共同参与信息生产的过程。为了让读者参与新闻生产，卫报网站专门设有“开放新闻”栏目，供读者主动提供自己制作的新闻作品。而在另一个特色栏目“新闻博客”中，对于突发事件的报道，则采用滚动的方式，将读者在社交媒体上对事件的文字报道、图片、视频，甚至通过电子邮件发来的评论，全部整合到一处，成为报纸网络上不断更新的报道的一部分。而后，再据此进一步加工成印刷版的定稿内容。[3]

（二）开放的数据新闻

“开放”战略不仅重建了媒体平台上的传受关系，同时使《卫报》成了数据新闻的先驱者。新闻生产模式的革新使得《卫报》有能力获取并支持数据新闻的生产。而在诸多较早投身数据新闻实践的媒体中，《卫报》对于数据新闻的理念和运用也是其制胜的法宝。《卫报》不仅较早地意识到新媒体带来的挑战，也较早地把握了新媒体所带来的机遇。

数据新闻及其可视化表现形式变化万千，而《卫报》使用最多的则主要是数据地图、时间线和交互图表等互动性强的呈现方式。《卫报》团队对于交互性的数据新闻作品的强调，实际上与其一直倡导的“开放

[1] 黎斌，林娜. 从《卫报》的开放平台看网络媒体的发展模式[J]. 新闻爱好者. 2009，6：21.

[2] 张煜麟. “开放式新闻”商业模式的兴起与运作特点——以英国卫报新闻集团为例[J]. 现代传播. 2014，7：44.

[3] 章戈浩. 作为开放新闻的数据新闻——英国《卫报》的数据新闻实践[J]. 新闻记者. 2013，6：7-13.

式新闻”观念相辅相成。从这一角度看，数据新闻的生产实质上也是《卫报》应对新媒体特别是公民新闻的冲击而提出的开放新闻观的具体策略之一。

自从《卫报》提出“数字优先”战略，网络平台或其他数字平台已经不仅仅是信息发布的平台或工具，同时也成为信息收集的平台和工具。

数据新闻为实践“开放新闻”的理念提供了另一种可能。在《卫报》数据新闻团队的眼中，数据新闻与公开新闻是“一张饼图上的两部分”，基于数字化媒体的信息收集能力，《卫报》可以对公开获取的新闻数据进行加工和制作，同时获取的数据又对读者开放。

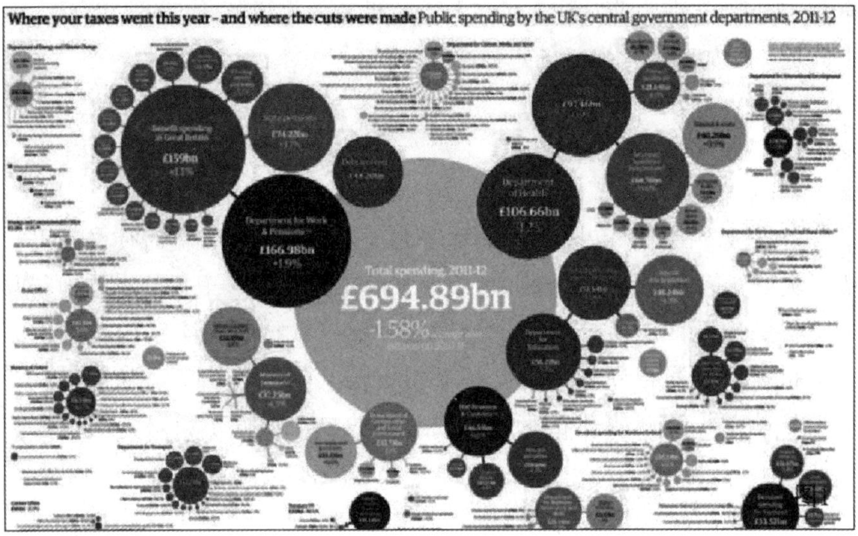

《卫报》数据新闻作品：2011—2012年度英国政府财政开支图[1]

[1] 郑蔚雯，姜青青. 大数据时代，外媒大报如何构建可视化数据新闻团队？——《卫报》《泰晤士报》《纽约时报》实践操作分析[J]. 中国记者. 2013，11：133.

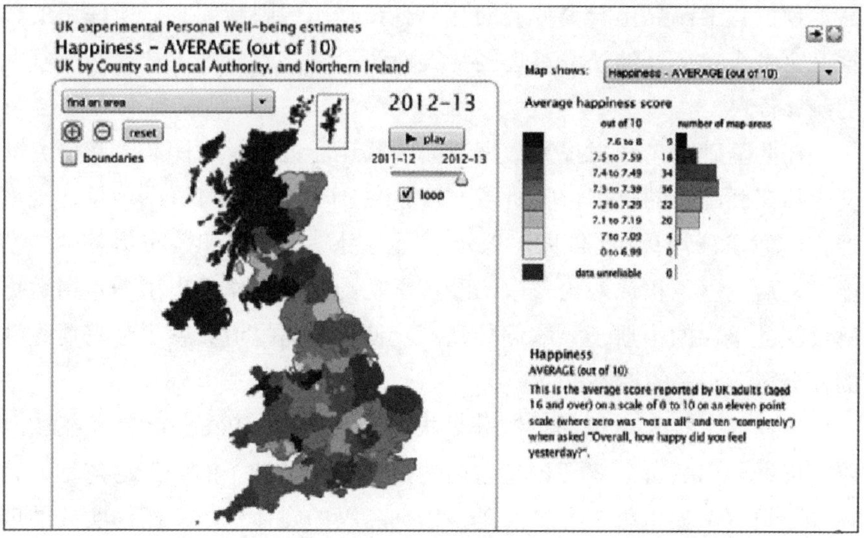

《卫报》数据新闻作品：英国人生活幸福指数动态图[1]

《卫报》数据新闻的一个鲜明特色在于，它将制作新闻所使用的数据完全公开在“数据博客”页面上。2009年，《卫报》开创了“数据博客”，采取图表、地图和各种互动效果图来报道各个领域的新闻，所有数据新闻所使用的原始数据均可以免费下载，供读者用作进一步分析。

此外，有些充满互动性的数据新闻作品本身又成为生产数据的基地和收集数据的平台。换言之，数据新闻在开放新闻的原则之下，不仅仅提供了信息，也提供了个人化的议题。

2011年《卫报》的伦敦骚乱系列报道是开放新闻和数据新闻结合的典范。在对伦敦骚乱的报道中，《卫报》鼓励读者将自己拍摄的骚乱发生前后的照片上传到社交媒体，而此后的若干数据可视化新闻正是基于读者生产出来的这类数据制作完成的。《卫报》不仅以地图标示出骚乱地点，并进一步以热力图的方式，用不同颜色色块标示出伦敦各地区的经济指标，清晰地显示出了骚乱与社会经济发展不平衡的密切相关性，

[1] 郑蔚雯，姜青青. 大数据时代，外媒大报如何构建可视化数据新闻团队？——《卫报》《泰晤士报》《纽约时报》实践操作分析[J]. 中国记者. 2013，11：133.

从地理位置上凸显出一个分裂的社会。在制作这则新闻时，所使用的数据完全是来自公开的法庭审理骚乱案件资料以及政府关于社会经济状况的统计资料。

在此基础上，《卫报》数据新闻团队还通过与学术团队一起研究社交媒体在骚乱中的作用，分析了260万条关于骚乱的Twitter信息，观察谣言如何在Twitter上传播，以及不同的用户在宣传和散布信息中的功能。之后，《卫报》与伦敦政治经济学院的学者合作推出了一本用数据解读骚乱事件的小册子《解读骚乱》，使得新闻报道具备了带有前瞻性的社会科学研究的性质。[1]

曾任《卫报》主编的英国著名报人、政治家C. P. Scott曾经在1921年写下过一句名言："评论是自由的，但事实是神圣的。"这句话一直被《卫报》奉为圭臬。有趣的是，借助新兴的媒体技术与新闻实践的创新，数据新闻让这则名言在传统媒体四面楚歌的情况下再度复活。[2]

三、多媒体助力传受互动

《卫报》提出"开放性新闻"的生产模式，既得益于数字化时代多种媒体的兴起，又得益于社交媒体的参与。借助多种媒介手段，受众得以与传播者实现更大程度的沟通，新媒体的冲击在《卫报》手中转变成新的可能。

（一）网站

为了给用户提供一个讨论、争辩、呈现异议和形成合意的开放式空间，《卫报》在其官方网站上推出了"自由评论（Comment is Free）"

[1] 刘笑盈，康秋洁. 新媒体时代国际媒体如何进行数字化报道[DB/OL]. [2014-07-21]. http://www.cssn.cn/hqxx/tt/201407/t20140721_1261748.shtml.

[2] 章戈浩. 作为开放新闻的数据新闻——英国《卫报》的数据新闻实践[J]. 新闻记者. 2013，6：7-13.

板块。在这个板块中，网站编辑先是在网络新闻中设置新鲜议题，邀请记者、专栏作家、特邀评论员撰写文章，然后让读者对这些文章进行长文点评，实现新闻报道与用户评论的共享。[1]

2014年，卫报官网的美国版完成了最新一次的改版，为了改头换面后的新网页能得到读者的青睐，《卫报》征集了25,000名读者的建议。根据用户的反馈，旧的主页布局略显冗杂和拥挤，而改版后的新主页的布局更加简明一目了然，并且通过不同的色彩来凸显不同的新闻板块。[2]通过与读者互动，《卫报》更好地实现了网页布局、图片、颜色、注释、图表等方面的优化，同时也提升了读者的阅读体验，更好地实现了传递信息的功能。

如今，作为数字化转型的一个重要阵地，卫报网站为之赢得了不少荣誉。2014年10月14日，卫报网站等媒体项目摘得首届世界数字媒体奖（World Digital Media Awards）最佳新闻网站奖[3]，成为传统媒体数字化中的翘楚。

（二）手机应用程序（APP）

《卫报》推出多款针对手机的应用程序，其中新闻客户端自2009年推出以来，已经有过多次升级换代，当前版本的《卫报》APP更加凸显个性化和用户生成内容等功能。类似于卫报的官方网站，新《卫报》APP也使用了“颜色语言”，通过不同类型的内容，以指导用户使用：蓝色用于核心的新闻内容，橙色为征求意见，炭色为多媒体，红色则是直播内容。[4]

---

[1] 彭雨蒙. 海外媒体的新媒体转型——以《卫报》的“数字优先”战略为例[J]. 新闻研究导刊. 2015，12：188.

[2] Joe Pompeo. The Guardian debuts new website. Political Media [EB/OL]. [2014-10-29]. http://www.capitalnewyork.com/article/media/2014/10/8555541/emtheguardianem-debuts-new-website.

[3] 彭雨蒙. 海外媒体的新媒体转型——以《卫报》的“数字优先”战略为例[J]. 新闻研究导刊. 2015，12：188.

[4] 彭雨蒙. 海外媒体的新媒体转型——以《卫报》的“数字优先”战略为例[J]. 新闻研究导刊. 2015，12：76.

而为了征集新闻线索，《卫报》还将传统媒体惯用的电话热线和电子邮箱等“报料”手段移植到APP上，开发了一款名为“Witness”的应用程序。

进入该程序的主界面，在“浏览”一栏中从上到下依次排开了不同的“选题任务”，这些选题事先由编辑确定，用户看到感兴趣的话题，可以通过“投稿”功能来上传自己的视频、图片、文字内容。

比如，在圣诞节来临之际，编辑会提前在“选题任务”中发布与圣诞节有关的新闻话题，如“我们想看到你家乡的节日彩灯”。用户可以把自己身边看到的节日景象和习俗拍摄下来，上传到“Witness”，精彩内容便会显示在该任务的母题之下，极具价值的内容甚至还可以刊登在《卫报》的纸质版上进行发表。此外，用户也可以通过“快速添加”功能自行报告、上传自己认为有价值的新闻线索。[1]这种方便快捷的“报料”手段契合当下手机用户的使用习惯，为打造良好的传受关系提供了一条快捷稳妥的途径。

（三）社交媒体

2011年10月，《卫报》实施了“开放编辑部（Open News）”的测试，将编辑部讨论的各项新闻选题在网络和Twitter上向读者开放，根据读者的讨论和交流，确定报纸的最终选题，同时网民在卫报网站及其Twitter内容之下的评论和回复都有机会进入《卫报》正式的内容报道之中，由此开始了《卫报》将报纸内容制作与社会化媒体有机结合的生存策略改革。

2012年，《卫报》紧接其后发布了一款好莱坞大片式的宣传广告《三只小猪》，诙谐地塑造了《卫报》的新形象，即始终以全面、客观、公正的角度进行追踪的媒体形象。通过宣传广告，《卫报》传达出这样的信息，即受众可以在《卫报》的各个开放媒体平台上对此进行评

[1] 彭雨蒙. 海外媒体的新媒体转型——以《卫报》的“数字优先”战略为例[J]. 新闻研究导刊. 2015，12：76.

论，民众舆论已经成为引导着整个新闻事件发展走向的关键因素。[1]

《卫报》充分利用社交媒体作为新闻信息收集和发布的工具，使自身与受众之间能够产生更为充分的信息交流，一方面使得《卫报》所报道的内容更加贴合受众的兴趣点；另一方面也使报纸本身一定程度上摆脱自身立场对新闻报道的过度束缚，新闻内容将更加客观、全面和公正。另外，开放式新闻采集和报道也帮助《卫报》节省大量新闻报道成本，从而以新闻事件报道的“组织者”和“引导者”形象出现。

为了打造一份全国性的报纸，《卫报》在网站新闻信息不断更新的基础上，通过独特视角深入挖掘社交媒体中的有用信息并进行深度整合，将社交媒体上的新闻进行吸引眼球式的包装和迎合读者口味的开发，然后再将这些非常新鲜的新闻印刷在纸质媒体上。比如，一起火灾发生后，《卫报》记者到达现场后首先要在Twitter上发一条消息，然后再在网站上发一段文字，随后再发一段15秒的视频，最后才写成文字稿交给纸质媒体。

这种充分运用社交媒体的手段一定程度上增加了记者的工作量，但也为《卫报》新闻信息的收集和受众互动提供了更为广阔的平台。

四、开放的媒体盈利模式

2014年9月，卫报取代纽约时报成为全球第二大最受欢迎的英文网站，仅次于邮报在线。虽然当年12月，这一位置又被纽约时报夺回，但围绕在这几家传统大报的数字化市场争夺从未停歇。

“从我们报刊的立场来看，付费墙和网络的开放性是相悖的。”谈及逐渐流行的付费墙，Penny Jones指出，付费墙只是印刷报纸的另一种表现形式，只会让《卫报》与受众间的开放性合作变得举步维艰。

“《卫报》更倾向于为消费者提供开放的新闻平台，因此我们首先

[1] 屈国超. 社会化媒体助力中国报业转型——英国《卫报》《金融时报》改革对中国报业的启示[J]. 视听. 2014，12：75-76.

是靠广告养活的。”Penny Jones介绍，《卫报》的数字广告不受板块限制，而是尽可能多地使用数字化手段，这使得收入来源更为多样，其中既有广告图片、广告视频，又有标题音乐、本地赞助商广告等多种形式。“我们还和主要的数字化伙伴合作，确保受众随时随地能看到我们的广告，从中获利。”目前，《卫报》在日报广告收入下滑的同时，网站广告收入却呈现上升趋势，占整体收入的比重已达到40%。[1]

同时，卫报网站还专门开通“会员服务”（Guardian Membership），参加会员的用户可以在该网站中使用“虚拟货币”（a Consumer Monetisation Model），以此鼓励用户支持卫报网站的运营发展并在新闻生产中扮演更为重要的角色。目前，“会员货币”项目运作良好。

“谁来付费？”这是数字时代媒体面对付费墙必须回答的问题。“严肃性报纸并不廉价，因此付费墙是回应这种诉求典型的‘报纸心态’——以前读者要为新闻内容买单，现在这一模式在网络中又得到了复制。”Penny Jones的发展思路与英国《经济学人》颇为相似。

此前，《经济学人》的Robin Raven通过媒体表达过同样的声音：“免费增值模式”是最为正确的模式。开发出对受众有价值的产品，为受众提供增值服务，才是数字媒体该做的事。他认为媒体必须让受众认识到数字产品的价值，进而让应用该产品的受众自觉养成每天使用的习惯，从这一角度看，《泰晤士报》的“硬式收费墙”并不可取。[2]

“付费墙提供的资金是否足以补偿我们所做的妥协，能否比《经济学人》《华尔街日报》这些专业报刊杂志提供更为专业的内容，目前并不明朗。”但在Penny Jones看来，《卫报》正竭尽全力地把受众放在新闻生产的核心位置，而这与互联网开放性的要求是相适应的。

为了更好地迎接数字化时代，《卫报》对信息发布平台做出了重要调整。“《卫报》把网络平台视为内容发布的首要平台。”Penny Jones介绍，随着《卫报》提出“数字优先”的发展战略，纸质媒体已经不再

[1] 屈国超. 社会化媒体助力中国报业转型——英国《卫报》《金融时报》改革对中国报业的启示[J]. 视听. 2014，12：75-77.

[2] Chris Sutcliffe. 数字媒体未来六大发展趋势[DB/OL]. [2015-11-11]. 赵播编，译. http：//www.199it. com/archives/404113. html.

具有支配性力量了，《卫报》正努力把网络平台打造成首要的信息发布平台，并保证其他平台也能发挥各自的长处。

与此同时，《卫报》所开创的“开放式新闻”商业模式还具备以下几个运作特点[1]：

1. 建立跨国网络新闻媒体，吸纳全球网络媒体的用户流量。扩大网络受众规模，吸纳更多网络流量，以提高网络广告收入，是“开放式新闻”的首要思路。从2007年起，《卫报》即拟定跨国媒体战略，跳脱“英国这样一个报业的小水池”，以全球市场的拓展，作为开拓新兴商业模式的首要工作。

2. 跨产业“协同合作”，创新“媒介融合”合作模式。“开放式新闻”时代，传统媒体的转型并非只是单纯地抢占新媒体载体，而是要实现信息能够在跨媒体平台上多重传递的可能。《卫报》2010年起通过新闻内容与技术平台向第三方开放的做法，成功地提高了该报内容在不同媒体载体与非营利团体网站上的曝光量，该报内容及广告得以在手机、平板电脑、电子书和社交媒体网站上被分享和评论，进而让广告主更愿意对多重载具的新闻媒体付出更高的广告费用。

3. 从“内容”提供商转为“电子商务”提供商，搭建平台收取服务费。除了持续应用广告营收来支撑新媒体的经营之外，尝试应用媒体本身的品牌效应，导入电子商务的服务机制，也成为新闻媒体新兴收入的来源之一。随着亚马逊和e-Bay等电子商务平台的出现，《卫报》利用自身的品牌推出卫报书城、卫报电子书等销售平台，通过提供中介平台的方式，与出版商、文化创意产业的从业人员合作出版，并收取交易费用。此外，卫报也致力于开发社交平台网站，推出交友网站——卫报心灵伴侣（Guardian Soulmate），鼓励《卫报》读者相互配对，使该网站成为英国排名第三的社交网站。这种内容提供商兼营电子商务服务的做法，为卫报集团收取服务佣金提供了可能。

4. 结合“大数据分析”技术，践行新“眼球经济”。信息过剩的社

[1] 张煜麟.“开放式新闻”商业模式的兴起与运作特点——以英国卫报新闻集团为例[J]. 现代传播. 2014，7：46.

会化媒体时代，注意力资源更为稀缺，因此报业开始思考如何通过大数据分析技术的协助，针对不同群体提供个性化的服务，以期提升读者对媒体产品的注意力。2012年，《卫报》与追踪全球9亿多用户的网络流量监测机构Quantcast签订协议，希望借助大数据分析技术，细分广告受众，以便精准投放广告，提高广告商的投资回报率。

总结来说，《卫报》“开放式新闻”的核心原则是透明、回应、参与、协作和构连。其具体做法，无论在付费或免费内容，都以“数字优先”的策略，通过“扩大信息服务量和提升资源利用率”的原则，推动商业模式的转型。因此，对《卫报》而言，“开放式新闻”模式的推动，不仅仅是为了提高公共信息的开放与参与，更是企图透过“共创与参与”（Co-creation and Participation）的做法，建立一个能够与读者保持良好的互动关系，应付传统报业市场消退，延续媒体营运的新兴商业模式。[1]可以看出，“开放式新闻”的模式兼具了传统新闻室的新闻生产以及参与式公民新闻的特点，是当前最具开创性的新闻媒体商业模式之一。

目前，《卫报》的多元经营也正收到实效。此前，卫报媒体集团负责人曾表示：“现在确实是报业遭遇的艰难时刻，但报业要有接受挑战的勇气。如果说《卫报》以前的收入是靠广告和发行两方面，那么现在不得不通过挖掘品牌价值，加进来许多副业收入，比如办媒体高级培训班等。因此，《卫报》现在的收入也可能是由十多个方面加起来的。”[2]

例如，2010年卫报网站推出了“开放技术平台（Open Platform）”，《卫报》向第三方开放授权内容，获得应用程序编程接口（API）使用权限的第三方不仅可以访问网站的全部内容，还可以对内容进行修改、整

[1] 张煜麟.“开放式新闻”商业模式的兴起与运作特点——以英国卫报新闻集团为例[J]. 现代传播. 2014，7：47.

[2] 马国仓，孙志勇. 网络时代报业的变与不变——英国报业转型发展的启示[J]. 中国出版. 2012，12：14.

合、使用、再创作，最终形成新的应用在其平台上向用户推送。[1]这种模式的好处在于第三方无需大量的硬件与技术投资就可以创业，而反过来，作为平台提供商的《卫报》也可以借此获得更多流量和市场份额，实现双赢。

此外，《卫报》在新闻 APP 中设置了一个“会员”板块，通过在线招募会员，《卫报》会在线下举行一系列与新闻传播有关的会员活动，并以此赚取一部分费用。另外，在新闻APP中，《卫报》还开设了“数据商店”，邀请本报的资深记者为用户准备培训课程，提供生产数据新闻的方法、路径和工具。《卫报》正是通过多元化的渠道为自己谋求出路的。

谈及将来，Penny Jones也坦言未来媒体的发展趋势还很难断定。“随着科技、社会的发展，五年之后的形势都没有人能够预料，我们媒体能做的就是‘不做空想，只做实事’（Not to predict, but to response）。”

（文/曹斯）

[1] 刘笑盈，康秋洁. 新媒体时代国际媒体如何进行数字化报道[DB/OL]. [2014-07-21]. http://www.cssn. cn/hqxx/tt/201407/t20140721_1261748. shtml.

附录：《卫报》国际事务发展部部长Penny Jones访谈录

数字转型的发展思路：重新认识你的受众

作者：《卫报》数字化转型的核心和根本是什么？

Penny Jones：为了建立更大规模、更为深入的受众忠诚度，不少传统媒体纷纷采取复合型的转型策略。这些转型策略既有通过直接的付费墙、设置会员等措施实施的，又有间接地通过广告和赞助实现的，但我认为数字化转型的关键是要重新厘清记者和受众之间的关系，要意识到数字化不仅仅是把报道内容从印刷纸搬到网上，还要重新认识读者，重新界定记者在社会中的角色和位置。

作者：您如何看待读者在数字化转型中的作用？

Penny Jones：媒体和读者之间的关系是很重要的因素，从某种程度上说，读者已经成为新闻生产的一个环节，他们通过提供新闻来源、用户生成内容、参与评论、在社交媒体上分享新闻信息，甚至是参与收集新闻材料等方式参与新闻生产的过程。

作者：为了迎接数字化时代，《卫报》在办公布局上是否会进行革新？

Penny Jones：“一体化新闻办公室”（中央厨房）说得上是当前传统媒体中最为流行的概念，需要整合印刷、广播电视和电子媒体的人才和新闻生产资源，然而这种模式在数字化时代已经被认为是“过时”了的。更为长远地来看，新闻媒体应该释放数字人才的潜力，让他们主导媒体的转型，不必受制于何种形式。

作者：在数字人才的发展方面，《卫报》有哪些实质性的操作？

Penny Jones：2008年，《卫报》的办公人员分布在4座城市16栋建筑物以及24层楼里，但他们就像在一个办公室里工作，报纸记者和网站记者携手合作。近年来，《卫报》的转型仍在继续。我们将进一步整合网络新闻和印刷新闻的采编资源，使得报纸记者和网站记者没有什么两样。如今，设在澳大利亚和美国的卫报分社甚至压根就没有“报纸记者”这个概念，我们还会继续改革。

作者：在数字化的浪潮中，《卫报》如何看待全球化策略的制定?

Penny Jones：我们身处不同的地域，但共处于全球化的进程当中，因此，想要按照以往的模式节约成本，让印刷媒体苟延残喘下去，只会把转变之路越走越窄，同样，如果只是引进数字化技术而不改变媒体的内部文化也无异于缘木求鱼。移动终端在印度、东南亚以及非洲等国的流行使得这些国家的新闻生产直接越过了西方媒体转型所经过的过程，这些国家的媒体正面临着数字化转型和分众平台的双重挑战。普遍来说，受众使用行为的改变以及由用户生产内容的交互性平台的过剩正持续促成这些变化。

商业模式的探索：付费墙不符合《卫报》的开放性定位

作者：数字时代，开放网络资源的《卫报》如何盈利?

Penny Jones：《卫报》更倾向于为消费者提供开放的新闻平台，因此我们主要是靠广告养活的。《卫报》的数字广告由多个数字部门分管，尽可能多地使用数字化手段，使得收入来源更为多样。其中，我们使用了广告图片、广告视频，又有标题音乐、赞助商/本地广告等多种形式。我们还和主要的数字化伙伴合作，确保受众随时随地能看到我们的广告，从中获利。同时，卫报网站还专门开通“会员服务”（Guardian Membership），参加会员的用户可以在卫报网站中使用“虚拟货币”（a Consumer Monetisation Model），以此鼓励用户支持卫报网站的运营发展并在新闻生产中扮演更为重要的角色。目前，“会员货币”项目运作良好。当然目前在这些领域，《卫报》还处在探索阶段，我们不会很着眼于赚钱。

作者：您如何看待其他媒体开设付费墙？

Penny Jones：从新闻本身来看，付费墙和网络的开放性是相悖的。付费墙只是印刷报纸的另一种表现形式，只会让媒体与受众之间的合作变得更加举步维艰。数字时代，媒体在处理付费墙时面临的最核心问题是："谁来付费？"严肃大报并不廉价，因此付费墙是回应这种诉求的典型的"大报心态"——以前读者要为新闻内容买单，现在这一模式还得在网络中复制和延续。

作者：所以，今后《卫报》也不会考虑使用付费墙？

Penny Jones：选择付费墙的媒体所获得的收入是否足以补偿他们所做的妥协，能否比《经济学人》《华尔街日报》这些专业报刊杂志做得更好，目前尚不明朗。但在我们看来，《卫报》正竭尽全力地把受众放在新闻生产的核心位置，而这与互联网开放性的要求是相适应的。

作者：这是否意味着《卫报》将在网络平台上做出重要的转变？

Penny Jones：如今，纸质媒体已经不再具有支配性力量了，为了平衡媒体的平台使用，《卫报》正努力把网络平台打造成首要的信息发布平台，并保证其他平台也能发挥各自的长处。

关于员工：不做空想，只做实事

作者：数字时代《卫报》对员工招聘有什么新要求？

Penny Jones：我认为员工招聘是没有单一标准的。我对招聘这一方面并不太了解，但我认为，那些天生就有好奇心、对于他们所从事的新闻事业有着强烈感情并对这一事业所面临的动荡有着强烈感受的人会更加吃香。媒体招聘取决于当时的人才需求。当前，《卫报》希望能找到更开放、更包容、能接受新信息的人。不管你是什么背景，只要有突出技能，比如对某些问题有独到见解，有良好的沟通交流能力，都能胜任当前媒体的工作。

作者：除了好奇心、开放包容的心态以及良好的沟通交流能力，《卫报》对于新闻人才还有哪些要求？

Penny Jones：媒体已经变得越来越多元化，这一定是一个好的信号。和以往不同，如今的媒体组织产生了更多的新闻岗位，但即便如此，经验依然是非常重要的，尤其是新闻采集能力以及由新闻采写经验所赋予的自信心和权威性依旧在数字时代本土新闻的生产当中具有重要价值。

作者：《卫报》会针对数字时代的变革对员工进行培训吗？

Penny Jones：内部培训机制是媒体人才培养的重中之重，我想这也是所有媒体都在关注的。现在，有的媒体派遣员工赴硅谷学习，有的则内部制订培训方案。如今，《卫报》专门设有培训部门，帮助员工掌握最新的媒体技能。应该认识到，媒体必须平衡好员工的需求，确保现有媒体员工能享受到最好的学习技能的机会，并学到外界最新的经验和专业能力。我不确定这个答案是否只有一个，但最糟的就是你什么都不做。

作者：您对于数字转型的未来有怎样的期盼？

Penny Jones：谈到将来，我认为未来媒体的发展趋势还很难断定。随着科技、社会的发展，五年之后的形势都没有人能够预料，我们媒体能做的就是“不做空想，只做实事”（Not to predict，but to response）。

（采访/整理：南方日报记者曹斯，英国伦敦政治经济学院研究生张艺伟）

第四章

《金融时报》：

“受众参与”和“付费墙”的持续探索

2015年，《金融时报》发生了两件大事情：第一件，是2015年7月报纸被培生集团出售给日经；第二件，是《金融时报》放弃了自己首创的计量付费墙（Metered Paywall）。

创刊于1888年的《金融时报》，经过一百多年的发展，《金融时报》成为久负盛名的国际著名财经大报。在数字化浪潮滚滚袭来的21世纪，像其他纸媒一样，《金融时报》也遭遇了严重的冲击。面对危机，老牌的《金融时报》多方应对，推出电子版、APP、网页应用，先后推行“数字优先”“用户优先”战略，目前非常重视“受众参与”（Audience Engagement），甚至开发独立的软件Lantern来帮助编辑记者与读者互动，而且建立专门的受众参与部门，“参与到新闻第一线”。在商业模式上经历了从计量付费墙到“一英镑低价试阅读”的转变，订阅收入在稳定增长。

《金融时报》大厦入口
（刘颂杰　摄）

可以说，《金融时报》的转型卓有成效，在纸媒一片衰退的今天，依然挺立在世界新闻界的第一线。笔者在2015年12月赴伦敦《金融时报》办公室，与该报副主编兼新兴市场主编金奇（James Kynge）畅谈该报最近的大变革。作为主管新兴市场业务的副主编，金奇对中国十分熟悉，也曾经负责报社旗下著名产品“China Confidential”（中国投资参考）。

金奇认为，日经的入主除了在每位职员的名片上加了一行“日经旗下公司”（A Nikkei Company）之外，并不会改变《金融时报》的基因。此外，他表示，在“信息的随机发散”的数字时代，“最重要的事情是你如何让内容抵达受众”。因而，受众参与如今成为《金融时报》最重要的工作之一。

一、受众参与：数字化编辑室的新要素

数字优先（Digital First），是《金融时报》近年来大力推行的战略。早在2012年，《金融时报》就收购了伦敦HTML5网页应用公司Assanka，并在此基础上，着力打造新型的网页技术团队——FT实验室。

根据FT Labs官方网站[1]的介绍，FT实验室是一个新兴的网络技术团队，进行着“令人兴奋的网络技术试验”，将“世界上最好的新闻带到新的平台和渠道”。

“智能手机和平板电脑带来了革命性的用户体验，我们将不断学习，不断创新，并提供更好的《金融时报》，以飨读者。”官方网站上写道，“与此同时，我们还将分享我们的知识，帮助其他开发人员，并与他们合作。”

根据新华社新闻研究所的刘滢在2013年的研究[2]，当时的FT实验室，有16名员工，开发了FT网页应用、经济学人HTML5应用、FT滚动浏

[1] FT Labs. http://labs.ft.com.

[2] 报纸数字化典范简析——英国金融时报数字化的三个重点[EB/OL]. http://www.bgtv.com.cn/bgbz/ylxw/2013/07/19/83823. html.

览（FT Scroller）、FT专栏数据流（FT Columnflow）、FT闪击（FT Fastclick）等。

2013年，正值《金融时报》创刊125周年，该报进一步推进“数字优先”战略，报纸全新再设计，缩减印刷版队伍而集中更多人力进行日间和网络报道，报纸内容制作服务于网络高峰时间的阅读需要并要求编辑提供更多背景，等等。

2015年初，《东方早报》“上海经济评论”对《金融时报》执行总编辑休·卡内基（Hugh Carnegy）进行了专访。专访中，卡内基表示：“我们把出版时间在一天中提前了。比如，我们知道人们习惯于在早上阅读，在午餐时间也大量阅读，他们在通勤的时候也会阅读，然后是回家后阅读。我们需要确保我们出版的东西能迎合这些时间，这也是我们正在做的。”卡内基说，“我们用数字的形式来思考故事，用数据、图表或其他应该的形式在网络和智能手机上加以呈现。我们在一天的晚些时候才开始考虑报纸。对我们的新闻业务来说，我们正在向我称为‘广播日程’（Broadcasting Schedule）的方向转变。”[1]

进入2015年，《金融时报》又有了新提法：“受众优先”（Audience First）。2015年11月，在接受Journalism.co.uk的专访时[2]，受众参与部门负责人卡普兰（Rene Kaplan）表示，“这不只是关于数字第一，而是关于受众第一”。“受众的参与，意味着“让我们的新闻呈现在受众面前，呈现在更合适的受众面前，”卡普兰说，“意味着转变传统的传播观念，一定程度，将传播变成对话，理解和更多地了解我们的受众。”

除了不断扩大网站和社交平台的用户数，团队的目标还有建立一个“受众至上”的编辑部，让“受众至上”成为记者生产和传播他们的故事时的首要原则。

---

[1] 魏星. 欧媒转型考察记——金融时报的数字革命[EB/OL]. http://www.thepaper. cn/newsDetail_forward_1302402.

[2] Mădălina Ciobanu. Why the financial times is betting on an audience first[J/OL]. Journalism. https: //www.journalism. co. uk/news/why-the-financial-times-is-betting-on-an-audience-first-newsroom/s2/a584707/.

2015年，巴黎的恐怖袭击事件发生后，在伦敦和纽约的编辑团队和受众参与团队联合起来，传播实时新闻报道，但也花费了大力气，重新整理最近的有关ISIS的报道，免费发布在社交媒体上。其中一篇，是10月份制作的、关于ISIS如何利用石油进行融资的交互报道。“再次发布，在社交媒体上一天就带来了近15,000点击量。”Kaplan说。

“在上周末（巴黎恐怖袭击后的第一个周末），FT.com所有访问量的25%—30%来自社交媒体，这就表明，我们团队之间非常密切的协调发挥了作用。”

不过，根据金奇的看法，事情并没有发生变化。“我不认为事情改变了，而只是同一策略的不同部分。数字优先和受众优先是同一件事情。你知道，数字化的新闻编辑室，依然是我们策略的首要。那也是我们努力的方向。但是，数字化编辑室的新要素，是受众参与。”

用户每次登录金融时报网站时，《金融时报》首席数据官（Chief Data Officer）汤姆·贝茨（Tom Betts）的团队就使用三角测量法，测量他们登录的地点、时间和阅读的内容，以及读者在内容上停留了多久。

值得注意的是，这个过程中，FT获取了用户的个人信息：感兴趣的话题、访问时间和设备类型。汤姆·贝茨表示，这是在寻找每位用户独特的“DNA”。“它描述了用户的行为和人口统计数据，以及许多其他的衍生属性。”汤姆·贝茨说。[1]

贝茨认为，至少15%的数字用户增长量来自结合用户行为进行的市场营销。

同样，《金融时报》的B2B团队也用数据来理解和管理企业的关系，让整个报社明白，哪里对FT的内容需求量最强。

“不仅仅是数量层面的竞争，像《金融时报》这样的出版者，应该将自己定位为‘利基市场参与者’（Niche Players），向用户提供独特的价值，与用户进行深度互动”，贝茨说。

从2011年的试点方案开始，FT.com采用了被称为SmartMatch“智能

[1] Ideas Blog. Financial times increases advertising audience revenue using customer dna [J/OL]. INMA. http://www.inma. org/blogs/ideas/post. cfm/financial-times-increases-advertising-audience-revenue-using-customer-dna .

匹配”的工具，它由内容营销公司Smartology提供。

SmartMatch的本领远在仅能识别关键字的行业标准之上。它使用新兴的“语义分析”技术，通过分析概念和定义，展示与实时新闻文章符合的相关广告。

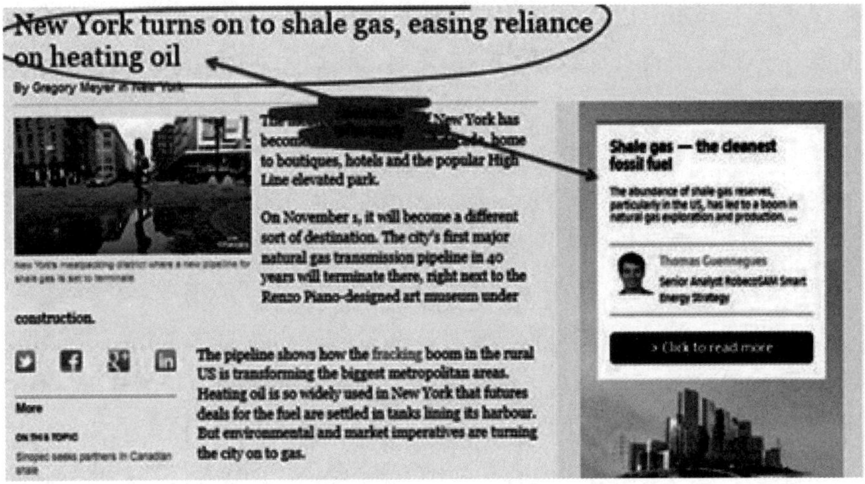

“金融时报使用‘深度查看2.0’（Deep View 2.0）技术，为广告商提供加强版的、Web应用程序的广告活动报告。”贝茨说，“它不仅报告展示次数和点击率，还告诉你用户的类型，以及究竟是哪些用户点击了广告商的广告。”

目标受众接触到广告的时长，直接影响广告的效果。2014年的研究显示，读者如果看一则广告的时长为至少5秒，则平均而言，79%的读者能够事后回忆起广告中的品牌。

《金融时报》并不排斥与其他工程和技术伙伴合作。它利用来自KRUX的广告数据管理平台和来自iJento的网络分析工具。

并不是每一个数字化项目都取得了成功。贝茨说：“接受失败，也是建设创新型和数据驱动的文化的一个重要组成部分。”

同其他出版商一样，《金融时报》也明白不能侵犯用户隐私。FT明确地告知用户，他们的缓存（Cookies）可能被网站使用，用户可以决定是否同意。FT不分析和使用个人层面的数据，也不授予其记者查阅用户数据库的权力。

二、业务流程重构：适应“数字优先”“受众优先”的需求

随着战略的调整，《金融时报》的业务流程、组织架构也相应进行重组。以受众参与团队为例，据金奇介绍，受众参与团队如今在编辑部的核心地带工作。11名成员担任各种角色，从社交媒体的编辑，到制片人，再到非新闻的职务，如数据分析和营销经理。金奇说：“受众参与组的人员参加新闻编辑部的每一次会议。新闻会议一整天都在召开，受众参与组的人员来决定新闻如何在社交媒体上呈现。”

这种工作方式，让团队在整个公司内部收集到庞大的用户数据，并将从中分析而来的启示反馈给编辑部，以“帮助形成一种先了解用户，再进行决策的编辑部文化。”受众参与团队的负责人卡普兰说：“这些数据，告诉我们该提供什么样的故事，通过什么平台以及利用何种形式。”

金奇认为，受众参与组的成员站在了新闻报道的第一线，这是一个重要的创新。

（一）组织结构的调整

事实上，为了适应数字化时代，《金融时报》的采编团队早在多年前就开始了调整和转型。

2015年，《金融时报》执行总编辑休·卡内基表示，大概在8年前，《金融时报》开始实施了“新编辑部计划”（New-newsroom Project）。[1]

[1] 魏星. 欧媒转型考察记——金融时报的数字革命[EB/OL]. http://www.thepaper. cn/newsDetail_forward_1302402.

那时，出版纸质版报纸，是《金融时报》的工作中心，有120名员工担任流程编辑（Production Editor），工作时间从下午4点到第二天凌晨1—2点，负责编排第二天清晨出版的报纸。

而在互联网时代，用户对信息的需求是全天候的，仅仅每天早晨出版一次的报纸，远远不能满足他们的需求。意识到这一现实后，《金融时报》做的第一件事情就是减少夜班编辑的人数，同时，对他们进行培训，使他们转型为网络编辑，或者转向制作互动、视频、音频、图表等多媒体内容。根据计划，120人的团队，要逐步减少到16人。

2013年10月，时任总编辑的莱昂尼内·巴伯在给全体员工的一封信中写道："我们的采编团队在坚持制作原创性及调查性的报道的同时，将从对新闻的快速反应，转向不断补充内容、挖掘更深层次意义。"[1]

巴伯表示："编辑将要做更多的前期策划，并须为网络及印刷版选择和审核更多资源。这需要编辑与记者在思维模式上进行转变，这是通向数字时代的必经之路。"

尽管《金融时报》调整采编团队架构的努力遭遇了来自员工的阻力，但高管团队的意志是非常坚决的。如今，《金融时报》编辑部的调整已经基本完成。2015年，休·卡内基表示，从下午4点到深夜凌晨工作的人数，已经成功地减少到了16人。"这部分人过去是编辑部里最大的一块资源，因为他们在生产报纸。现在我们减少了报纸的版本，我们变得更有效率，通过更好的规划，我们把很多内容的生产在一天中提前了，所以我们可以调配更多的人在白天而不是夜里工作。"[2]

而到了2015年，《金融时报》电子版付费订户已经达到47.5万人，报纸的发行量大约22万份；来自纸质版报纸的广告，从9年前的75%，下降到了约40%。

今天，《金融时报》已经成为一个全球化、数字化的媒体机构。

根据巴伯的说法，目前，《金融时报》大约有550名记者和编辑，比

[1] 王蕾. FT的"自我革命"：2014年削减1亿英镑[EB/OL]. http://www.yicai.com/news/2013/11/3147117. html.

[2] 魏星. 欧媒转型考察记——金融时报的数字革命[EB/OL]. http://www.thepaper. cn/newsDetail_forward_1302402.

起2012年时略有减少，但人员组成结构已经发生了重大的转变。夜班编辑大幅下降，而数字人才和驻外记者的人数增加了。

“（报道新兴市场）是我们的优势所在，我们在世界各地分布了驻外记者，驻外记者数量比任何一个欧洲国家和美国的媒体都多。我们试图向我们的读者，尤其是投资者提供任何关于正在发生的事情的报道。”金奇在接受我们的访谈时表示。

（二）业务流程的重塑

谈到业务流程，就不能不谈到fast FT，以及互联网时代的“快和慢”。在接受“上海经济评论”的采访时，来昂内尔·巴伯表示：“快新闻是为网络准备的，但对报纸来说，特别是头版，越来越常见的，是一些我们已经花了一个星期操作的故事。”

可见，《金融时报》在制作传统的深度报道上，与以往的做法并无多少不同，主要的变化，发生在为互联网制作“快新闻”上。为了适应快节奏的互联网，现在《金融时报》在工作日中尽早地做决策。“最重要的新闻编辑，他会10点钟来，但他的副手早上6点半就来了，这个编辑就会开始对新闻做一些判断，当然是以数字化的思维方式。”来昂内尔·巴伯说。

巴伯虚构了一则新闻，用于举例。“（假设）上周有个新闻，大银行必须付出很多钱来付罚款，因为他们在外汇市场上有欺骗行为。”巴伯表示，如果这个消息公布了，《金融时报》将立刻发表一些报道，比如速写等，提供一些新闻背景；同时，记者将对这个故事进行数字化加工。“我们想要解释：怎么理解外汇市场；你需要了解的有关银行行为的5件事；等等。同时，我们还会立即做一个视频，我们的专家互相讨论这个话题，或者和外面的人讨论。”[1]

[1] 魏星. 欧媒转型考察记——金融时报的数字革命[EB/OL]. http://www.thepaper. cn/newsDetail_forward_1302402.

三、新版付费墙：降低门槛培育更多长期付费订户

2015年10月，《金融时报》首席执行官约翰·瑞丁（John Ridding）在接受《纽约客》记者采访时表示：在2007年，付费墙刚刚问世时，它的效果非常之好，数字订阅数一度超过了纸质版订阅数。随着时间推移，《金融时报》发现了付费墙存在的问题。[1]瑞丁认为："数字化对传统媒体真正的挑战是，一切都碎片化了，读者不必总是去一个平台获取内容。以前，人们看一两张报纸，或者访问某个主页，就满足了。现在，这一切已经烟消云散。人们现在在各种平台上阅读《金融时报》的内容。"他认为，在数字时代，媒体要培养用户新的阅读习惯。如果设定付费墙，让用户每月只能读到数额有限的报道，这会妨碍用户形成新的习惯。

因此，《金融时报》决定摒弃计量付费墙，取而代之以鼓励新用户以1美元或1英镑来订阅试用版的网页弹窗。用户支付了1美元或者1英镑后，一个月之内，是可以免费无限量阅读《金融时报》的报道的。慢慢地，用户就养成了习惯，就变成了长期的订阅者。瑞丁表示，这一策略是成功的。2014年，《金融时报》的付费订户增加了80%。

新兴市场板块主编金奇表示："（现在）信息是随机流散的。数字时代，你不知道如何抵达你的受众。《金融时报》的报道，可以在任何地方读到，比如Twitter，比如facebook，你无法控制。我们要让新的读者有（去官网）阅读《金融时报》的体验，于是我们要创造一个门槛很低的付费墙，通过廉价试用版，让大家都可以试试。"他表示，一英镑的极低的价格，正是为了尽可能让更多的用户养成看《金融时报》的习惯，习惯了，他们就容易变成长期付费订户。

"你的读者可能在拉丁美洲，在非洲，在广阔的世界。但是，如果一个人第一次阅读《金融时报》，当他们点击链接的时候，他们看到的，却是一道提示他们付费订阅的屏障。如果你打造了一道门槛极低的

[1] John Cassidy. The Financial Times and the Future of Journalism[J/OL]. The New Yorker. http://www.newyorker.com/news/john-cassidy/the-financial-times-and-the-future-of-journalism.

障碍，把人们吸引过来，让他们拥有阅读《金融时报》的体验，很可能他们就会订阅，订阅者的数量也会增加。”金奇说，“计量付费墙，和新机制的道理是一致的。首先，你需要找到一个从来都没有阅读过《金融时报》、从随机渠道过来的受众。他们阅读《金融时报》，喜欢上《金融时报》，但他们不愿意付一大笔费用，于是先付1英镑，在特定时间内可以阅读《金融时报》的全文，慢慢地就养成了习惯，最终，很可能他们就会付全价订阅。”

在卡普兰看来，推行廉价的入门订阅机制，也是获得用户数据的良好机会，因为，即使用户仅仅订阅了30天，也足以留下大量的用户数据。“无论你是长期订阅或试用，只要你报名了，我们对你就已经了解了一点。”卡普兰对journalism. uk. co表示。[1]

四、“灯笼”（Lantern）助力编辑记者深入了解受众

Lantern（下文译作“灯笼”），是《金融时报》开发的一款新型数据分析程序。它是用来帮助记者和编辑了解受众是如何阅读报道、与报道进行互动的。

Lantern logo

该软件将整个机构的用户反馈数据都整合起来。“灯笼”可以呈现出报道传播的实时动态，还能够呈现出较长的时间范围内，受众阅读报道的情况；不仅仅关注到了用户与网站之间的整体互动情况，还关注到了用户对单篇报道的参与和互动情况。

---

[1] Mădălina Ciobanu. Why the financial times is betting on an audience first[J/OL]. Journalism. https：//www.journalism. co. uk/news/why-the-financial-times-is-betting-on-an-audience-first-newsroom/s2/a584707/.

《金融时报》Latern分析数据图

根据《金融时报》新兴市场主编金奇的介绍，过去，《金融时报》已经有了一个软件助手，叫作“Bettsy”，因为它是由汤姆·贝茨开发的。“它能够告诉我们，有多少读者阅读了报道，他们是如何通过社交软件获取报道的，是通过访问主页，还是订阅。它能够帮助我们分析一篇报道受欢迎的程度，有多少读者被吸引过来，有多少读者因为报道而订阅了《金融时报》。”金奇介绍说。

根据汤姆·贝茨的介绍[1]，他负责整个《金融时报》的用户数据分析。《金融时报》的用户数据分析团队是跨国的，分布在英国、美国和亚洲，分为多个部门，包括数字科技（Data Science）、数字情报（Data Intelligence）、报道和管理信息（Reporting & Management Information）、用户研究（Customer Research）和活动管理部门（Campaign Management）。

汤姆·贝茨毕业于英国爱丁堡大学。2003年，他成为一名独立顾问和程序开发者，为多个客户从事网上营销和网页程序开发。2006年，他加入知名咨询公司BAE systems，在一个数据分析小组工作，共同为企业、政府和金融机构分析用户数据。2009年，他成为《金融时报》的初级数据分析师。

从此，他和他的团队一直致力于使用数字工具增加《金融时报》的经济绩效，也让《金融时报》在数字化上引领了业内潮流。如今，《金融时报》的数字化团队已经超过30人。

[1] LinkedIn. https：//www.linkedin.com/in/tombetts.

在2012年接受国外科技博主Gary Angel的专访中[1]，汤姆·贝茨表示，4年前，他们从iJento（国外一家信息服务供应商）那里获得了标准化的网页分析技术，并使用该技术来收集用户在FT的多个数字化的内容传播渠道里留下的数据。“iJento公司的技术，一开始就将个体层面的用户分析视为解决方案的核心，这跟我们的策略不谋而合，”汤姆·贝茨表示，“多渠道同时进行，也是这样。”FT解决方案是基于微软SQL服务器的，它可以记录《金融时报》现有以及潜在用户的完整点击数据。

iJento用户分析示意图

最开始，《金融时报》的用户数据分析工具仅仅分析利用桌面电脑访问的桌面版网页。慢慢地，它的工作范围扩展到多个平台，比如电子报纸、智能手机、移动版网页和APP等。“我们一直在将用户访问数据与其他用户数据比如CRM（Content Metadata）等联系起来，以决定我们应该如何做生意，以及向用户提供个性化定制的信息。”程序语言方面，贝茨介绍说，他们用的是SAS和R语言。

在被问及“《金融时报》面临何种核心挑战”时，汤姆·贝茨说，在盈利的大前提下，满足用户对信息的需求，始终是一个巨大的挑战。“我们在分析工具方面的持续成功，在业内产生了影响，对数据分析的诉求呈现指数式增长。”汤姆·贝茨还称，他们最好让技术扩散开来。

[1] Tom Betts of the Financial Times on Big Data Hype，Data Democratization，and Integrated Mobile Tracking : More from the X Change Berlin[EB/OL]. http://semphonic. blogs.com/semangel/2012/05/tom-betts-of-the-financial-times-on-big-data-hype-data-democratization-and-integrated-mobile-trackin. html.

收集各终端各渠道数据

为每位用户画像

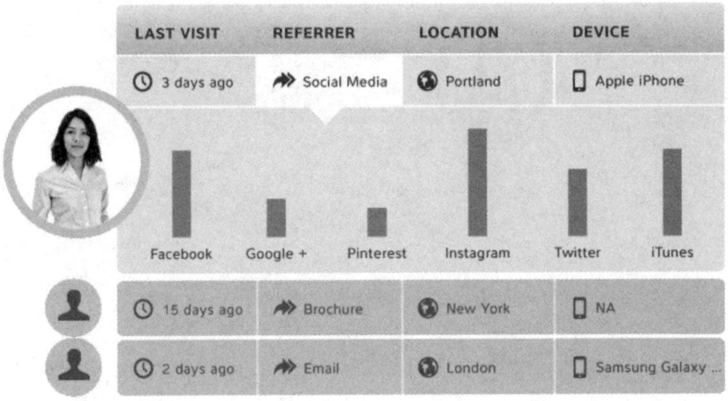

建立强大的客户画像

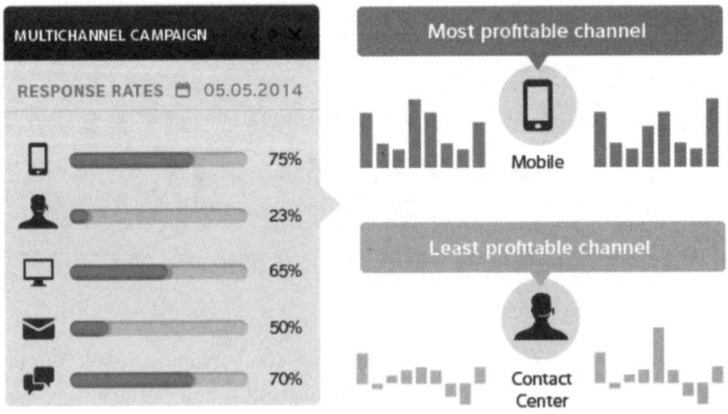

发现趋势做出预测

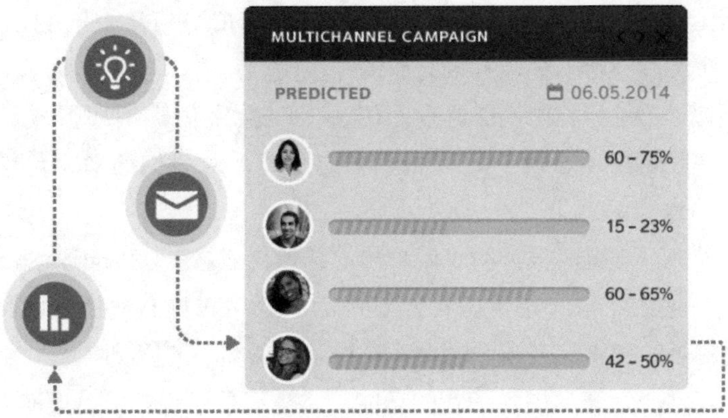

采取市场行动

汤姆·贝茨认为，其他的挑战，也是很多媒体都面临的挑战，还有市场对数字化的持续不断的重新定义。“过去我们仅仅拥有一个FT.com，现在，我们拥有一系列内容传播平台，和基于移动终端的网页数据。”汤姆·贝茨说，“幸运的是，《金融时报》迅速使用起了基于HTML5的分析工具，用来分析移动版网页上产生的数据（app.FT.com），这让用户数据分析变得简单起来。当然，我们也要不断强化其他平台上的用户数据分析能力。”

2015年9月2日，《金融时报》宣布，将任命汤姆·贝茨为首席数字官（Chief Data Officer，CDO），这是《金融时报》意识到数字和用户情报的重要性之后，新设立的一个职位。汤姆·贝茨将成为《金融时报》历史上首位CDO，也将成为首位加入《金融时报》执行董事会的CDO，负责管理《金融时报》的全球数字化战略和表现。[1]

根据《金融时报》官方网站公布的消息，汤姆·贝茨负责制定FT的数字化和用户研究策略。他将负责发现数字时代涌现出来的为媒体准备的新机会，实践用来争取受众和增加收入的新想法。汤姆·贝茨和他的团队还将创造新的工具，以让数据使用在行业内实现民主化。

[1] Kristina Eriksson. Financial times appoints tom betts as its first chief data officer[N/OL]. Finacial Times. http://aboutus. ft.com/2015/09/02/financial-times-appoints-tom-betts-as-its-first-chief-data-officer/#axzz4162QOj6A.

英国媒体the drum报道，《金融时报》的CEO John Ridding表示，自己非常高兴看到汤姆·贝茨加入了董事会。[1]他还赞扬了汤姆·贝茨的贡献，认为对数字的洞察力促进了FT数字化转型取得成功进展。“汤姆·贝茨在领导数字分析团队上的经验，对我们的数字化转型和经营是至关重要的。”

目前，《金融时报》的“用户参与计量化战略”（Reader Engagement Metric）正在竞争2016英国传媒奖中的“数字最佳商业化使用奖”。去年，也就是2015年，《金融时报》获得了该项奖项的银奖[2]。

现在，“灯笼”提供了新的功能。它会记录读者在单篇报道上停留的时间，点开一篇文章后读者首先做了什么，是停留在网页内，还是阅读了其他内容，是否将报道分享到社交网络上，是否评论、评论了什么以及是否与页面内的其他内容（广告、超链接、相关报道等）产生了互动。

五、产品创新：以“创新基金”孵化新产品

据金奇介绍，《金融时报》高管办公室设立了一笔创新基金，每年都有人申请使用它。《金融时报》的“机密”（Confidential）系列信息服务，就是金奇利用创新基金设立的。但创新基金只是一方面，创新者还可以在FT预算范围内申请资金。fast FT就是在预算范围内申请的资金开发的。

金奇坦言，在移动阅读产品的领域，《金融时报》迷失了一段时间。FT的声誉建立在不惜时间打磨高质量新闻上。典型的《金融时报》工作方式是，当新闻发生时，记者要动用全部的资源，采访很多人，要知道究竟发生了什么。“我们的软件更新得不够频繁，因为我们在训练记者如何写作报道上花费了太多的时间。fast FT使人们可以在新闻发生

[1] Tony Connelly. Financial times appoints its first ever chief data officer：tom betts[N/OL]. The drum. http://www.thedrum.com/news/2015/09/02/financial-times-appoints-its-first-ever-chief-data-officer-tom-betts13 British Media Awards.

[2] http://britishmediaawards.com/2015-winners/

的瞬间，获得快速、简要的报道，所以它取得了巨大的成功……现在我们尝试着用快速的方式报道新闻，之后才是长篇的完整版。”

在创新资金的支持下，《金融时报》不断进行产品创新，形成了多元化的产品形态链条。

（一）《金融时报》推出服务技术人才和投资人的网络社区[1]

2015年11月初，在都柏林召开的Web峰会上，《金融时报》推出了一个全新的Facebook社区，名叫“技术遇到资本”（Tech Meets Money）。

这个社区面向高科技企业家和投资者，成立短短几天，用户就从70增长到了946人。

《金融时报》此举旨在帮助想要设立高科技创新型企业，但是缺乏启动资金的人士。它提出了“启动工具包”（The Start-up Toolkit）的概念，公布在博客上。

“对于高科技企业家和来自投资界的人士来说，我们提供了大量的相关内容，但以往，我们的内容不一定真正地到达了他们那里。这是因为，市面上有大量的免费内容，把这群年轻的、更加有技术知识的受众吸引过去了。”《金融时报》的用户参与团队负责人卡普兰说。

“因此，这不仅是直接面向Facebook上年轻、懂技术的读者的网络社区，也是让他们知道自己想要什么，什么是与他们相关的，他们有什么问题。”卡普兰说。

（二）《金融时报》的APP[2]

《金融时报》在第一时间开发了APP。但是，在2011年，《金融时

[1] Mădălina Ciobanu. Why the financial times is betting on an audience first[J/OL]. Journalism. https://www.journalism. co. uk/news/why-the-financial-times-is-betting-on-an-audience-first-newsroom/s2/a584707/.

[2] 魏星. 欧媒转型考察记——金融时报的数字革命[N/OL]. http://www.thepaper. cn/newsDetail_forward_1302402.

报》和苹果在客户订阅数据控制权方面发生了争议。苹果坚持认为，应当由App Store拥有这些数据，并抽取注册费用的30%作为佣金。对此，《金融时报》表示无法接受，最终，其iPad和iPhone应用从苹果应用商店撤离。同时，2011年6月，《金融时报》另外推出了一个网页版本的移动应用软件app.ft.com，允许读者在任何设备上登录和注册金融时报网站，其中包括iPad和iPhone。

2015年，在接受"上海经济评论"专访时，莱昂内尔·巴伯表示："这可能让我们失去了巨大的潜在市场，但我们认为我们需要那些钱，我们希望保存我们用户的细节信息，我们不想失去控制。要知道，保持和我们用户之间的关系非常重要。"

而在中国，《金融时报》推出了名为"《金融时报》中文网"的中文免费iOS/android APP，以服务FT. Chinese的280万读者（2014年《金融时报》广告中透露的数据）。FT. Chinese同样是可以免费阅读的，这是因为，根据中国大陆的相关规定，来自英国的《金融时报》无法获得ICP（中华人民共和国电信与信息服务业务经营许可证，该许可证仅向服务器设立于中国本土的网站提供），也就无法提供收费服务。FT.Chinese并未向外透露自己的盈利情况，但它开展了广告、社区等服务，获益想必颇丰。

（三）fast FT

2013年5月29日，《金融时报》推出了新产品fast FT。这是一个新闻摘要聚合网页。每周周一到周五，从早到晚24小时，fast FT不间断更新，提供市场动态信息和观点。

fast FT发布的资讯是文字形式的短篇报道，基本上都配有图片或表格，其用意非常明显：让用户只花1分钟，就能够了解新闻的大致情况。

根据fast FT主页[1]的介绍，它由来自世界各地的一个专门的团队负责维护更新。其中，英国伦敦有2位，美国纽约有4位，中国香港有2位。

[1] fast FT. http://app. ft.com/fastft.

fast FT网页设计非常简洁。网页最上方为标签栏和搜索栏，标签按照地区分类，依次为US、Eurozone、UK、Asia等。所有的新闻从上到下排列，正文和图表被折叠，只留下标题和摘要。所以，用户仅是浏览整个网页而不点开任何一条新闻，都足以概览世界经济的最新动态。新闻标题的前方附有彩色标签，为markets、world news、companies等，方便用户快速找到自己感兴趣的内容。

每条新闻的文末也附有加上超链接的关键词，方便用户快速查看同类内容。

根据《金融时报》官方主页的说法，fast FT设计得如此简洁，除了方便读者阅读，也是为了适应不同类型的设备（电脑、手机、平板），在不同尺寸的屏幕上都能呈现较好的浏览效果。

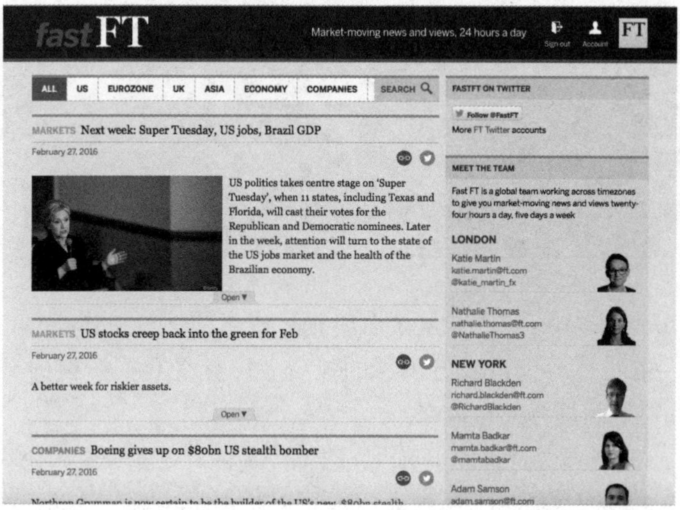

fast FT的入口被安排在FT.com首页的上方，用户可以很方便地访问。

fast FT首席记者梅根·墨菲（Megan Murphy）评论说："在一个资讯日益饱和的市场，fast FT将帮助读者屏蔽噪声，给他们所需要的消息。它提供快速、权威的报道、新闻背景和评论，超越了新闻头条。"

莱昂内尔·巴伯，《金融时报》的总编辑说："《金融时报》长期以来一直致力于追求高品质的全球新闻，fast FT建立在这一重要的使命之上。《金融时报》已经发展成为一个真正的多渠道发布的新闻机构，现在，更多的用户通过非印刷的数字和移动渠道阅读新闻。无论何时，无论读者在何处，fast FT都将保证我们的读者及时了解他们需要知道的新闻。”

（四）FT confidential

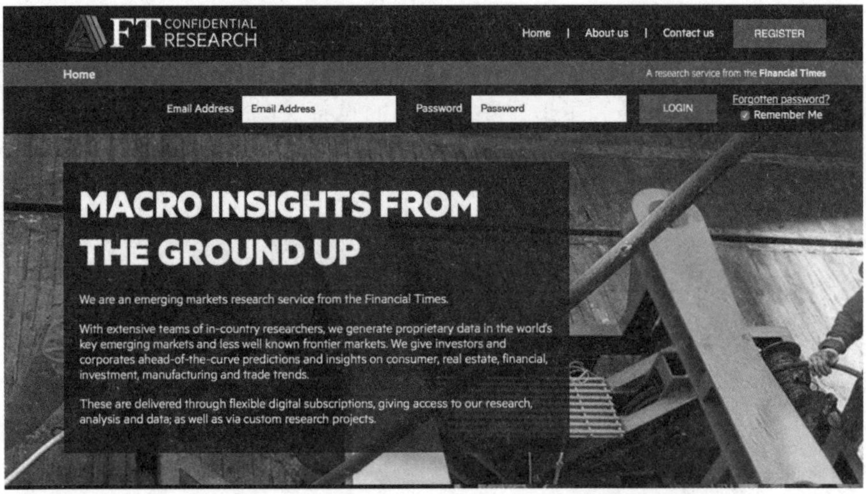

FT confidential，是《金融时报》提供的针对主要新兴市场的研究服务，主要针对来自西方国家的投资者。接受我们访谈的金奇是FT confidential的创办人和主席。

FT confidential官方主页[1]介绍称，其拥有一支专家和研究人员团队，结合实地调查结果，与新兴市场的企业建立联系，提供具有洞察力的宏观分析和行业趋势预测。

FT confidential表示，其产品与投资银行和经纪公司发布的研究报告不同，是完全公正的：“在提供对市场或行业的报告上，任何角度来说，我们都没有既得利益。”

[1] Macro Insights from the Ground up[N/OL]. FT Confidential Research. https://www.ftconfidentialresearch.com.

（五）How To Spend It

这是《金融时报》推出的生活服务类栏目“How To Spend It”（消费指南）。由于面向高端商务受众，FT也是高价值的平台，因此，“How To Spend It”网页上具有较多的广告。目前，“How To Spend It”正在提名英国传媒奖年度消费产品奖[1]。它推出的“开眼看”（Look Sharp）水下摄影视频，也参与了年度视频作品奖的评选。

2011年，《金融时报》为How To Spend It开发了iPad应用，内容包括该奢侈生活方式杂志60多个版本的每日内容更新，并可进行搜索。

（六）《金融时报》电子版

针对喜欢纸质版阅读体验的高端用户，《金融时报》还提供仿真电子报纸服务[2]。

[1] British Media Awards. http://britishmediaawards.com/2016shortlist/.

[2] The FT epaper. https：//ftepaper. ft.com.

它是纸质版的精准电子复制品，伦敦时间每天清晨6点推送到订户的电子设备上。值得注意的是，它本质上仍是网页应用，并针对iPhone、iPad等不同尺寸的电子设备做出了优化。FT ePaper具有美国、亚太、中东等多个版本。

（七）《金融时报》官方社交网络账号

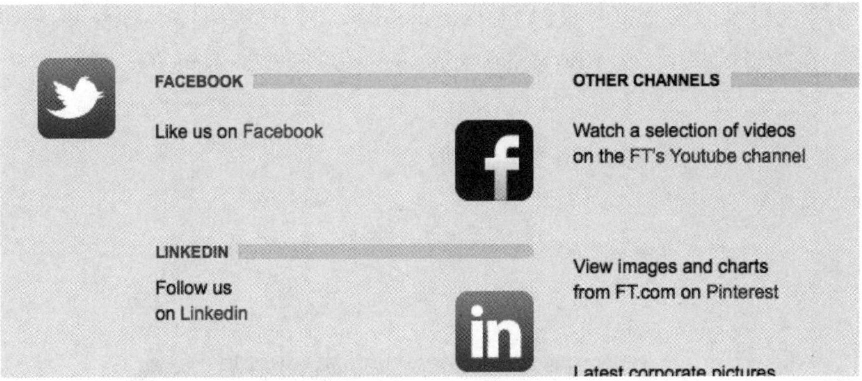

《金融时报》目前已经在Twitter、Facebook、LinkedIn、YouTube、Pinterest和Flickr上开通了官方账号，提供新闻资讯和互动服务[1]。

《金融时报》的主要Twitter账号“Financial Times”[2]注册于2007年4月。截至2016年2月28日，它已经发布了13.8万条状态，积累了492万粉丝。

《金融时报》针对中国新闻的Twitter账号“FT China”[3]注册于2008年8月，目前已经发送了7025条状态，积累了40万粉丝。

（文/刘颂杰　王谦）

[1] Social media and communities hub[N/OL]. Finacial Times. http://aboutus. ft.com/social-media-hub/.

[2] Twitter. https：//twitter.com/FinancialTimes.

[3] Twitter. https：//twitter.com/FT China.

附录：《金融时报》副主编James Kynge访谈实录

James Kynge：《金融时报》副主编，新兴市场主编

《金融时报》副主编、新兴市场主编James Kynge与本文作者合影

付费墙制度的变革

问：今年，FT发生了两件大事情。第一件，是出售给日经，第二件，是FT放弃了计量付费墙。让我们在讨论日经收购之前先讨论计量付费墙。FT是推出付费墙的先驱，计量付费墙曾经取得过成功，但为什么你们现在要抛弃它，取之以廉价的试读订阅制度，例如“每人一英镑”呢？

答：这是因为，在数字时代，最重要的事情是您如何让内容抵达受众。行话叫，“信息的随机发散”，这是我们使用的新词。如果您在FT上发表了一篇报道，它会传播到Twitter、Facebook和其他社交媒体上去。您无法控制谁会读到您的报道。在有些时候，读者覆盖范围可能极其广泛。

您的读者可能在拉丁美洲，在非洲，在广阔的世界里的任何一个地方。但是，一个人第一次阅读FT，当他们点击链接的时候，他们看到的是一道提示他们付费订阅的屏障。如果您打造了一道门槛极低的障碍，把人们吸引过来，让他们拥有阅读FT的体验，很可能他们就会订阅，订

阅者的数量也会增加。我们发现，这是一个非常成功的策略。

放弃计量付费墙，和这个的道理是一致的。首先，您需要找到一个从来都没有阅读过FT、从随机渠道过来的受众。他们阅读FT，喜欢上FT，但他们不愿意付一大笔费用，于是先付1英镑，在特定时间内可以阅读FT的全文，慢慢地就养成了习惯，最终，很可能他们就会付全价订阅。

问：您也看到了两种目标之间的矛盾：第一个是抵达受众；第二个是从订阅者那里获取更多的收入。对于大型新闻机构，例如FT而言，您如何平衡两个目标？

答：我认为目标是吸引不同类型的客户。FT拥有很多集体客户，他们会付集体订阅费。在这种集体订阅内，包含几千个订阅。通常，他们会得到高级版本，所以他们付出的费用是最高的。此外，也有廉价的试用版订阅，对他们来说，策略是提供FT的阅读体验。对不同类型的市场，您给他们提供不同的用户体验，是非常关键的。我们现在正在做出一个有价值的转型，最有价值的信息要提供给最高级的订户。

"受众参与"是最重要的工作之一

问：在几年前，Lionel Barbel谈到了"数字优先"的战略。但在近年，2014年，你们将"数字优先"战略改为"受众优先"战略。您觉得背后原因何在？

答：我的个人观点是，我不认为事情改变了，而只是同一策略的不同部分。所以，我认为数字优先和受众优先是同一件事情。您知道，数字化的新闻编辑室，依然是我们策略的首要。那也是我们努力的方向。但是，数字化编辑室的新要素，是受众参与（Audience Engagement）。

现在在新闻编辑室，他们重新安排了办公桌，居中有个长桌，围绕着长桌，有条形桌子，有主要的办公桌，新闻都汇聚到这里。长桌的隔壁，是受众参与组。之前，受众参与组不在这里。现在，它就在主桌的旁边。受众参与组的人员参加新闻编辑部的每一次会议。新闻会议一整天都在召开，受众参与组的人员来决定新闻如何在社交媒体上呈现。

您也看到了，当一个新闻发生时，我们以不同的方式呈现它，尤其是通过社交网络。我们如何在社交媒体上呈现新闻？是用图表、视频，还是播客？是通过Facebook，还是通过其他，比如领英或者Twitter？所以，受众参与组的成员站在了新闻报道的第一线，这是一个重要的创新。

问：Renée Kaplan今年刚刚入职负责受众参与组。您觉得她带来了哪些改变？

答：我不认为现在发生了什么巨大的转折，但受众参与得到了进一步的重视和优先度。之前，我们已经在做相关的工作，但现在它是我们最重要的工作之一。以前，我们写报道，可能在报道里放些图表，然后在网站或报纸上发表它，受众阅读了，就算参与了。现在，受众甚至早在记者开始写作报道之前就已经参与进来了。他们可以塑造新闻的形态。

问：我注意到，FT计划推出一个新型的软件，叫作"灯笼"（Lantern），来帮助记者和编辑了解受众对报道文本的反应。它已经投入使用了吗？

答：我们之前已经有了一个软件助手，叫作"Bettsy"，因为它是由汤姆·贝茨（Tom Betts）开发的。它能够告诉我们，有多少读者阅读了报道，他们是如何通过社交软件获取报道的，是通过访问主页，还是订阅。它能够帮助我们分析一篇报道受欢迎的程度，有多少读者被吸引过来，有多少读者因为报道而订阅了FT。它还能告诉我们，受众参与在多大的程度上帮助了一篇报道的出炉。但是，新的程序（Lantern）能够告诉我们，读者在一篇报道上停留的时间，这是旧的软件所不能提供的。

我的个人意见是，统计数据是很愚蠢的，因为它只能告诉我们读者阅读了。我不关心他们有没有阅读，我想知道的是，他们实际上是怎么读的，统计数据不能告诉您这些。您可以说，某个读者花了5分钟来阅读报道；他们可能把一篇报道从头读到尾。如果是那样的话，这就是一篇好的报道。

产品如何创新？

问：您负责新兴市场业务，有没有考虑过提出一些新的产品，像《经济学

人·全球商业评论》GBR那样的?

答：没有，我们已经有很多业务了，暂时没有推出新产品的打算。把自己眼前的事情做好，才是最重要的。

问：在推出创新产品时，您是如何做决策的?

答：这是一个好问题。FT的高管办公室有一笔创新基金，每年，都有人申请使用它，我也介入其中。FT的“机密”（Confidential）系列信息服务，就是我利用创新基金设立的。我们以前在中国办过一本杂志，叫作《FT阅读》，也是利用创新基金设立的。至于FT中文网是否也来自创新基金，我记不得了。但创新基金只是一方面，您还可以在FT预算范围内申请基金。

问：以fast FT为例，您能谈谈它是如何通过创新基金成立起来的吗?

答：这个产品是在FT的预算内设立的，是编辑部门的拳头产品，我们为它投入了很多资源。

问：那么，与市面上的其他新闻速览类产品，比如《经济学人》的“Espresso”，或者WSJ的产品10 Points，相比，fast FT有何区别?

答：我从没有做过比较，但我认为fast FT获得了很多读者的青睐，因为您可以通过您的个人移动设备去使用它，并且能够帮助人们随时获得最重要的新闻资讯。之前，在这些领域，FT迷失了一段时间，我们的软件更新得不够频繁，因为我们在训练记者如何写作报道上花费了太多的时间。fast FT使人们可以在新闻发生的瞬间，获得快速、简要的报道，所以它取得了巨大的成功。

问：fast FT与其他的产品完全不同，是吗?

答：是的，非常不一样。您知道，FT的声誉建立在不惜时间打磨高质量新闻上。典型的FT工作方式是，当新闻发生时，您要动用您全部的资源，采访很多人，您要知道究竟发生了什么。然后，您将初稿发给严格的编辑，让您几次修改稿件，问您很多问题，直到晚上，这一天结束时，您终于完成了一篇稿件。直到今天，FT的工作方式依然如此。现在我们尝试着用快速的方式报道新闻，之后才是长篇的完整版。

防火墙依然坚实

问：让我们来谈谈防火墙制度。您知道，在中国，有些媒体在编辑部门和商营销部门之间也设立了防火墙。但是，来自数字媒体的挑战，冲击着防火墙。您认为FT在数字时代受到了怎样的冲击？

答：目前我还没有看到任何变化。您知道，过去，我们的广告部门是非常强势的，因为当时80%的收入来自广告。但是，现在广告收入占总收入的比重越来越小了，可能不到25%。我们大部分的收入，来自订阅，这样，公司就不太容易能够干涉我们了。过去，大广告商希望干预我们的新闻客观性，所以我们要建立一个强大的防火墙。现在我们的防火墙依然坚实，但是广告商对我们的影响已经小得多了。

问：您如何看待现在的媒体广泛使用的原生广告？

答：我对原生广告的看法是，只要它明确地标明自己是广告，它就是没有问题的。但是，您知道的，现在很多读者会认为自己阅读的广告是记者写的报道，所以我个人的观点是，在这方面，媒体必须非常谨慎和保守。

我个人认为，媒体机构应该非常诚实。读者有时候不太确定自己读到的东西是某个试图告诉您真相的记者的作品，还是某个收了钱、为某些机构做广告的文章。FT在这方面的立场非常明确（一定会让读者区分出哪些是广告，哪些是报道）。

FT将保持原有特色

问：让我们来谈谈日经的收购。您觉得，并购之后，FT发生了什么改变？

答：还没有，至少目前是这样的。我认为，双方将会有很多合作，具体是什么，我现在也不太清楚。情况依然在发展。

问：CEO John Ridding 表示，日经是FT新的所有者，也是新的合作者。您同意他的提法吗？

答：我认为我同意。FT将保持原有特色，因为日经之所以收购它，就是将其视为一项重要的资产。因此，FT的编辑独立和报道质量将会得到保障，日经也做出了这样的保证。我认为日经是心里有数的，不然它为什么要斥资140亿美元呢？

问：FT怎样看待新兴市场，尤其是中国的重要性？

答：我认为是非常重要的。在我们的报纸上，每一天，您都可以看到10—15篇关于中国的报道，这还不包括其他新兴市场。这是我们的优势所在，我们在世界各地分布了驻外记者，我们的驻外记者数量比任何一个欧洲国家和美国的媒体都多。我们试图向我们的读者，尤其是投资者提供任何关于正在发生的动态的报道。

问：与过去相比，您觉得对新兴市场的报道发生了哪些变化？

答：相比起来，我们做的报道更多了。我们现在做了更多的特别报道、更多的数据报道。我们试图抓住事情的本质。

问：您觉得你们的读者支持日经收购吗？

答：我认为是支持的。不管我们做什么，用户调查数据总是最值得相信的。根据调查，84%的用户希望看到更多的新兴市场报道。用户才是最大的老板。

资讯服务部门与编辑部门分开

问：现在很多中国媒体希望开展数据服务、智库业务。FT非常擅长这些领域，并且您也负责一些这方面的工作，比如“中国投资参考”（China confidential）。请问您对想要开展这些业务的中国媒体有何建议吗？

答：暂时没有，这些数据服务，不仅做关于中国的研究，也做关于其他国家和地区，比如拉丁美洲的研究。这些机构存在的意义是为境外投资者提供特别的信息，不是媒体。它们的订阅者非常少，大概只有25万人，不像FT。所以，我对中国想要开展此类业务的同行没有什么建议，因为我不关注中国的资讯市场，我关注伦敦、纽约的资讯市场。并且，我认为，中国本土已经存在很多研究机构了。

问：在FT里，编辑部门和这些资讯服务部门有何关系？

答：没有一点关系。我是报纸上关于新兴市场的新闻内容的编辑，也是FT资讯研究机构的主席，但我并不负责它的日常运营。我是主席，只是因为我创立了它。但是我跟它没有工作关系，我只是给他们出出主意。

问：在B2B资讯服务业务和编辑部门之间，会存在利益冲突吗？

答：不会，因为B2B资讯服务业务为投资者提供信息，没有人同时为两个部门工作。所以两者是没有联系的。

问：我提出这个问题是因为，在中国，很多报纸和媒体机构在努力扩大收入，一些时候，他们设立了这类研究机构，却让它与编辑部门合并。

答：我们这里没有那样的情况。因为FT的资讯研究机构不为企业做任何事情，我的意思是说，它不是一个市场盈利的工具，它只服务投资者。

第五章

邮报传媒：

报网分化运营，全球扩张版图

全球访问量最高的英语报纸网站是哪一家？不是纽约时报、华尔街日报、华盛顿邮报，也不是卫报、每日电讯报、金融时报，而是英国每日邮报与通用信托集团（DMGT）旗下邮报传媒（DMG Media）打造的邮报在线（Mail Online）。

邮报传媒下属《每日邮报》（*Daily Mail*）创办于1896年，定位于中游市场，服务于那些由“一对夫妇、两个孩子、一条狗”所组成的中产阶层家庭；同时，《每日邮报》非常重视女性读者，因为女性在家庭开销上有重要的决定权。长期以来，《每日邮报》是英国销量最大的中游报纸，是女性读者心中的最爱。

邮报传媒的数字化转型起步较晚，迟至2003年才开设网站，比英国大多数报业同行触“网”晚了10年。头3年，邮报在线和大多数纸媒创办的网络版一样，完全照搬《每日邮报》的内容，在2004年用户仅有3万。2006年，马丁·克拉克（Martin Clarke）接掌邮报在线，网站开始独立运作，短短6年邮报在线就攀上了流量巅峰。据美国网络数据统计公司ComScore调查显示，2012年，邮报在线月独立访问量超越纽约时报网站，成为全球最受欢迎的英语报纸网站。克拉克领导的网站团队不断刷新邮报在线的流量纪录。根据邮报在线提供的数据（见表5-1），2014年9月，其全球月独立访问量达1.85亿，同比

邮报在线出版人马丁·克拉克（Martin Clarke）（Michael Seto 摄）

增长41%；全球日独立访问量达1180万，同比增长38%；接近70%的月独立访问量来自海外，其中，来自美国的月独立访问量达6300万，同比增长45%，已经超过了英国本土。[1]

表5-1 邮报在线在不同国家和地区的访问量*

地区	月独立访问量	同比增长	日独立访问量	同比增长
英国	5800万	29%	490万	29%
美国	6300万	45%	320万	42%
其他地区	6400万	49%	370万	48%
总计	1.85亿	41%	1180万	38%

*2014财年与2013财年数据比较，来源：邮报在线

在纸媒市场日渐萎缩、报纸读者及广告持续流失这一不可逆转的趋势下，邮报在线不仅成功地吸纳了亿万新用户，还驱动着邮报传媒整体收入上升。邮报传媒旗下除了全球访问量最高的英语报纸网站邮报在线，还包括全英销量最大的付费报纸《每日邮报》和《星期天邮报》，全世界发行量最大的免费报纸之一《地铁报》，以及英国最大的在线优惠券网站之一Wowcher。根据每日邮报与通用信托集团年报，2014年邮报传媒营业收入7.96亿英镑，营业利润9500万英镑，同比增长19%。能取得如此优良的业绩，一方面缘于报纸业务在应对新媒体挑战中适应性强，成本控制（裁员及削减总部办公成本）收到成效，另一方面得益于数字业务（邮报在线及Wowcher）收入稳步增长。[2]

具体而言，邮报传媒的收入目前主要来自广告和发行。广告方面，数字广告收入的增长足以弥补报纸广告收入的减少。邮报报系2014年广告收入2.52亿英镑，增加4%。其中，报纸广告收入1.9亿英镑，同比减少5%，占广告总收入75.4%；而邮报在线（包括地铁报网站）广告收入

[1] Mail Online. http://www.dmgt.com/~/media/Files/D/DMGT/reports-and-presentations/10-42969.pdf.

[2] Daily Mail And General Trust PLC Annual Report 2014[EB/OL]. http://www.dmgt.com/~/media/Files/D/DMGT/reports-and-presentations/100-43543.pdf.

6200万英镑，同比增长46%，占广告总收入24.6%。发行方面，坚持免费策略的邮报在线并未对母报发行造成冲击。《每日邮报》和《星期天邮报》发行收入3.26亿英镑，同比减少4%，但两报在全国性报纸市场的份额都有增长，市场占有率分别为22.5%和21.3%。此外，邮报在线为平板用户开发的内容增值产品Mail Plus已有4.6万付费订阅用户。[1]

邮报传媒成功转型网络和移动端已受到英美报业同行的公认，其数字化转型之路到底有何独特之处？作为老牌报业企业打造的互联网平台的成功之作，邮报在线取得了哪些突破？

一、坚定的数字业务扶持战略

邮报在线能够迅速做大做强，首先应该归功于每日邮报与通用信托集团管理层富有战略远见，正视传统纸媒与新媒体此消彼长的趋势，在发展新媒体方面深具共识，目标清晰，坚定不移。集团管理层高度重视数字业务，并制定了长远的战略发展规划，多年来趁着报纸还有盈利能力，抓紧时间大手笔投资邮报在线。

曾担任集团执行总裁长达20年的盖伊·齐特（Guy Zitter）在接受中国《新闻战线》采访时表示，办网站确实有点养儿防老的意思，“虽然报纸还在很健康地赚钱，但是长期来看，报纸市场萎缩是一个大趋势，所以我们很清楚地知道，必须尽快找到一个新的盈利模式……正是因为我们的报纸还在赚钱，才有能力在网站上进行这样的投入。办一个网站真的非常昂贵，趁着我们还有钱，得赶快投到网站上去，否则就晚了”[2]。齐特强调发展数字业务一定要有非常长远的目标，而且应该在纸媒盈利能力还比较强的时候尽早谋划。他在接受《华闻周刊》采访时

---

[1] Daily Mail And General Trust PLC Annual Report 2014[EB/OL]. http://www.dmgt.com/~/media/Files/D/DMGT/reports-and-presentations/100-43543.pdf.

[2] 邓瑜，陈野. Mail Online：每日邮报大手笔——《每日邮报》盖伊·齐特和邮报在线瑞奇·卡卡波罗访谈录[J]. 新闻战线，2013（12）：55-58.

表示："如果你有足够的钱，未来两三年内可以不考虑利润；如果你担心眼前的盈利能力，就会影响整个媒体的长远发展。"值得注意的是，齐特提到集团对邮报在线的投资并非在网站的市场方面，他们绝不花钱把邮报内容链接到其他媒体，也绝不花钱通过搜索引擎来买用户，而是把钱花在采编团队上，确保邮报在线的内容足够吸引人，因此造就了网站的成功。[1]

邮报在线首席运营官瑞奇·卡卡波罗（Rich Caccappolo）很感谢集团拼命地赚钱，然后把钱都投到邮报在线。虽然邮报在线2008年即做到收支平衡，2012年6月首次实现盈利，但并不急于赚钱（2013年预计亏损1.1亿人民币），而是把赚来的钱都投回到网站运营上去，趁着手里还有盈余迅速做大。卡卡波罗说，"我们的策略是先把网站做大，大到让广告商没得选，只能把广告投到邮报在线上"[2]。

每日邮报与通用信托集团2014年报反映出管理层对数字业务的重视，明确邮报传媒未来战略重点是"保持报纸业务的盈利能力，对数字业务特别是邮报在线做进一步投资，以驱动长期增长"，体现了一以贯之的立足长远的战略理念。[3]

有业内人士指出，在传统媒体实施数字化转型的过程中，由于管理层对传统媒体有着难以割舍的感情，总会不由自主地把传统媒体的利益和需求放在首位，更多地考虑如何延续传统媒体的影响力和生命力，很难真正优先发展做大数字业务，往往容易错失转型的最佳时间机遇期。相比之下，每日邮报与通用信托集团的数字化转型显得彻底而坚决，管理层把报纸和网站都当作主业来经营，而且重点扶持网站发展，调动集团的人力、财力资源下大力气打造未来生存的网络平台，邮报在线才能成为全世界报纸所办网站中杀出的一匹黑马。

[1] 戴凯.《每日邮报》的奇迹是怎样炼成的？[J]. 华闻周刊, 2013（12）.

[2] 邓瑜，陈野. Mail Online：每日邮报大手笔——《每日邮报》盖伊·齐特和邮报在线瑞奇·卡卡波罗访谈录[J]. 新闻战线, 2013（12）:55-58.

[3] Daily Mail And General Trust PLC Annual Report 2014[EB/OL]. http://www.dmgt.com/~/media/Files/D/DMGT/reports-and-presentations/100-43543.pdf.

二、独特的报网分化运营模式

无论国内还是欧美纸媒的数字化转型，大多强调报纸业务与数字业务的融合，似乎只有报网融合才是纸媒生存和发展的唯一出路。邮报传媒却看到报纸和网站具有不同的性质和价值，面对不同的市场和竞争对手，报纸和网站应该各自独立运作，将报纸读者和网站用户锁定为不同的群体，向他们提供不同的产品，由此开拓出一个全新的市场。实践证明，报网分化运营是邮报在线成功的关键。

从2006年克拉克全面接手数字业务开始，邮报在线一直独立运作，在团队设置、目标用户、产品内容、市场开拓、收入模式等方面和报纸大不相同：

1. 团队设置。邮报在线有独立的采编、营销和技术团队，截至2014年9月，邮报在线在全球有450名采编人员、115名营销人员，110名技术及总部人员，这675名人员分布在伦敦、纽约、洛杉矶和悉尼。而报纸团队主要在伦敦，2013年《每日邮报》有500名采编人员，《星期天邮报》有100多人的独立团队。[1]

2. 目标用户。报纸继续服务于中产阶层的读者群，邮报在线不仅继承了报纸重视女性读者的传统，还锁定更年轻、更高端的用户群体。卡卡波罗说："为了避免和报纸抢夺市场，我们特意在网站设计、内容编排以及标题、图片的呈现上区别于报纸，网站内容更大众、更有趣、更轻松，更针对网上年轻的、追逐时尚的群体。"[2]

3. 产品内容。由于网络用户的偏好、需求和习惯与报纸读者不同，邮报在线要求网络编辑针对网络用户的需求发布内容，不能只是把报纸的内容复制到网上。另一方面，网络编辑团队的自由度又非常大，收到报纸编辑团队提供的稿件后，可自行决定如何发布有关内容。事实上，邮报在线每天更新的文章只有少部分来自邮报，大部分文章由网站记者

---

[1] Mail Online. http://www.dmgt.com/~/media/Files/D/DMGT/reports-and-presentations/100-42969.pdf.

[2] 邓瑜，陈野. Mail Online：每日邮报大手笔——《每日邮报》盖伊·齐特和邮报在线瑞奇·卡卡波罗访谈录[J]. 新闻战线, 2013（12）：55-58.

采写，图片和视频则大量外购。

4. 市场开拓。不像报纸只能局限在英国本土发行，邮报在线能够超越报纸发行的地理局限，在传播空间上可以到达全球，向更为广阔的英语世界出口媒体产品，发展国际用户，实施全球扩张计划。

5. 收入模式。报纸的收入来自发行和广告，而邮报在线采取内容全部免费的策略，通过有吸引力的内容发展用户，在一些英国报纸网站采取收费策略的时候能够争得更多的市场份额。邮报在线计划先积累庞大的用户基础，然后通过广告、电子商务获得收入来源。

齐特认为，由于邮报将报纸读者和网站用户锁定为不同的群体，两种产品的内容和呈现有诸多不同，“网站才没有抢走报纸的生意”，“到目前为止，这一模式还是比较成功的”。[1]

为了应对新媒体的挑战，国内外不少报纸希望通过数字化转型，在纸媒衰亡之前找到未来的生存之路，但数字化转型往往加速了其自身报纸业务的衰败。一方面，发展数字业务投资巨大，需要报纸业务的扶持和投入，另一方面，为了争夺用户和广告商，数字业务往往不可避免要与报纸业务展开竞争，业内人士称之为传统媒体数字化迁移的悖论。《今日美国》记者Michael Wolff认为，邮报传媒明智地把两种功能完全不同的产品分开运营，既可避免数字业务与报纸业务展开竞争、取代报纸业务，又可避免报网难以真正融合、双双进入死亡陷阱的结局，得到了最理想的结果，在传统报业公司中第一次破解了上述悖论。[2]

无独有偶，哈佛大学商学院克拉克·吉尔伯特（Clark Gilbert）教授于2010年引领了《犹他新闻报》的数字化转型，他采用的是双转型策略，即同时关注传统媒体业务和全新的数字业务，新旧业务各自独立，既保持传统媒体的盈利能力，又持续投资数字业务，使传媒企业在转型

[1] 邓瑜，陈野. Mail Online：每日邮报大手笔——《每日邮报》盖伊·齐特和邮报在线瑞奇·卡卡波罗访谈录[J]. 新闻战线，2013（12）：55-58.

[2] Michael Wolff. Daily Mail solves Internet paradox[N/OL]. USA Today，2014-08-24. http://www.usatoday.com/story/money/columnist/wolff/2014/08/24/the-daily-mails-digital-migration/14409469/.

发展的不同阶段有不同的业务和收入来源。[1]吉尔伯特在2012年12月出版的《哈佛经济评论》中撰文介绍了犹他媒体集团进行颠覆性创新的经验，其“双转型”策略指同时平行推进新旧媒体业务转型，旧媒体业务要将核心业务进行重新定位，使其现有的经营模式适应已经变化的市场，新媒体业务则要开发新的产品，拥抱新的市场，创造新的机会。

邮报在线出版人克拉克认为网站脱离报纸独立运营是好事，“没有纸质产品，就没有遗留问题，没有精神包袱，你才可以成为你自己”[2]。正是得益于报网分化运营，邮报在线可以不受纸媒的限制和羁绊，最大限度地发掘数字媒体的潜力和优势。

三、人性的内容策略网站设计

为什么邮报在线经过短短6年的独立运作就跃升为全世界访问量最高的英语报纸网站？被《金融时报》称为“老派媒体人”的克拉克面对新媒体时代的挑战毫不逊色，他带领的网站团队洞察人性，重视满足用户需求，为了吸引流量和点击率，在内容策略、网站设计、用户互动等方面善于颠覆常规，做到极致。

（一）内容策略：“新闻毒品”让人上瘾

邮报在线的内容策略一是注重时效性——“速度最重要”，截至2014年9月，网站每天更新不少于800篇文章、7000张图片、250个视频；二是注重话题性，标榜“一切被热议、被争论、被流传的新闻，尽在邮报在线”（If it’ s being discussed, debated or rumored about,

[1] 吕顺景. 新旧媒体转型的别样路径：要分化，不要融合——美国《犹他新闻报》的成功转型之路[J]. 传媒，2015（22）：52-54.

[2] Kara Bloomgarden-Smoke. How ‘journalism crack’ conquered the internet: MailOnline publisher Martin Clarke wants to get even bigger[N/OL]. Observer，2014-03-19. http://observer.com/2014/03/mailonline/.

it’s on Mail Online）。[1]

邮报在线最为人称道的招牌内容是名人八卦、明星绯闻、奇闻轶事和不可思议的社会新闻，特别是网站首页右侧“令人羞愧的边栏”（Sidebar of Shame），充斥着大量名流的八卦新闻。这些通俗内容都是用户阅读刚需，他们也许装作对这些内容不感兴趣，但往往很快便会阅读成瘾、欲罢不能，据统计，平均每个用户在邮报在线网页上停留的时间竟长达43分钟。2013年3月，克拉克在接受《金融时报》采访时，曾形容邮报在线是令人容易上瘾的“新闻毒品”（Journalism Crack）。[2]

“新闻毒品”又是如何生产出来的呢？其一，邮报在线网站采编人员24小时关注网络新闻动态，一旦发现有价值的素材，就对这个故事进行重新采写，深度挖掘。网站团队不会因为这是其他网站的原创而不做报道，因为原创也许只挖掘了素材的三成，邮报在线还有很大的发挥空间，当然，使用别家素材时会注明这是别人的原创。其二，网站团队时刻紧盯后台数据变化，关注当前网站流量、点击量最大的文章、每篇文章的浏览量、用户评论活跃度、停留时间和访问趋势等，根据这些数据不停地调整内容，提升相关文章的阅读排名。其三，网站主编并不会被技术数据牵着鼻子走，流量数据和用户反馈不是网站采编团队判断重点推送哪篇文章的最终依据，他们更相信自己的新闻直觉，如果断定某个故事有吸引力，就会通过不停地改标题、改图片，最终让其阅读排名不断上升。[3]在舰队街资深报人出身的克拉克看来，“没有一条新闻是毫无价值的，没有一位名流是无足轻重的，没有一则奇闻轶事因为太过粗俗而不值得报道”，他希望用户能看到他们想看到的东西，从而提高内容产品黏性和用户的回头率。[4]

[1] Mail Online. http://www.dmgt.com/~/media/Files/D/DMGT/reports-and-presentations/100-42969.pdf

[2] Emily Steel and Andrew Edgecliffe-Johnson. Mail Online to expand as it hits top spot[N/OL]. Financial Times，2013-03-10. https://www.ft.com/content/8cc6e348-84f9-11e2-891d-00144feabdc0.

[3] 戴凯.《每日邮报》的奇迹是怎样炼成的？[J]. 华闻周刊, 2013（12）.

[4] Kara Bloomgarden-Smoke. How ‘journalism crack’ conquered the internet: Mail Online publisher Martin Clarke wants to get even bigger[N/OL]. Observer，2014-03-19. http://observer.com/2014/03/mailonline/.

除了名人八卦，邮报在线的内容涉足广泛，设有新闻、体育、电视娱乐、女性、健康、科技、财经、旅行等频道。其科技新闻和国际新闻锁定高端人群，女性频道（Femail）则与邮报整体定位相符，又与网站其他内容搭配得当，发布美妆、时尚、购物等女性用户感兴趣的内容，不仅吸纳了大批忠粉，下设的电商频道Femail Fashion Finder还带来了丰厚的利润。

（二）网站设计：颠覆常规推升流量

邮报在线还根据网络用户的需要和特点，对网站设计做了一系列颠覆性的创新，于2007年委托Brand42设计咨询公司对网站进行重新设计，定位于更年轻的用户群。新的网站设计深受用户喜爱，连年推升网站流量，提高了网站收入，2013年，英国设计业协会（DBA）将最佳设计效果奖金奖颁给Brand42。邮报在线在首页设计、图片使用、标题制作等方面打破了传统报纸网站设计的诸多常规。

1. 首页无广告且页面超长。

邮报在线的首页设计与众不同。其一，没有任何广告，全是图文内容。只有当用户点击图文内容进去浏览时，才会在边栏发现广告。这种设计让用户可以尽情浏览首页海量内容，不受广告干扰，有助于提升流量，而当用户决定阅读某篇文章后，即使页面内有广告，也不会影响其阅读。[1]其二，页面超长。大多数新闻网站都想办法把内容放在一屏大小的页面里，用户不用动鼠标就可以看到某一页的内容，而邮报在线则把所有的内容都往首页放，因此首页长得不可思议。实践证明，首页上放的内容越多，用户看的就越多，这种长首页设计深受用户欢迎。[2]

2. 注重使用高清大图。

邮报在线特别注重使用高清大图，网页视觉冲击力强，容易引发用

[1] Lucia Moses. 每日邮报网站（Mail Online）流量何以坚挺？六大“小报思维”强势绝杀. [EB/OL]. 腾讯全媒派编译. [2015-10-27]. http://www.aiweibang.com/yuedu/60498581.html.

[2] 戴凯.《每日邮报》的奇迹是怎样炼成的？[J]. 华闻周刊，2013（12）.

户浏览兴趣。其一，用图量大，大图霸屏。首页头条新闻标题下会放置一系列大图，其他文章的配图也非常抢眼，点击任一文章标题进去，也会发现配有系列图片，而且图片都用得很大。其二，图重于文，视效第一。传统的新闻网站一般文字连贯，把图放在一边，而在邮报在线的新闻全文页面上，文章内容往往会被插图切断，没有阅读连贯性，有时大图就是新闻报道的主要工具，文章正文几乎成了图注。大图模式大为减轻了用户的阅读压力，当用户浏览页面时，图片的信息就足以传递文章要点，相当易读。[1]

3．长标题“剧透”内容。

一般新闻网站的设计，大多认为新闻标题应该简练、突出，关键字抓人眼球，这样才能引起读者的兴趣和点击欲望，如果内容剧透太多，用户看了新闻标题就够了，不会再点击进入新闻全文的页面。邮报在线却反其道行之，故意把标题做得特别长，除了大标题之外还有小标题，相当详细地披露有关新闻的主要内容。实践证明，这种做法有两个好处：其一，通过提炼文章重点，满足了用户希望快速了解内容的需求，不仅没有影响他们的阅读兴趣，反而刺激了他们阅读全文的欲望，提高了点击量。其二，邮报在线的巨长标题必然比其他网站文章的标题包含更多关键字

邮报在线截图：长标题“剧透”内容，注重使用高清大图

[1] Lucia Moses. 每日邮报网站（Mail Online）流量何以坚挺？六大“小报思维”强势绝杀. [EB/OL]. 腾讯全媒派编译. [2015-10-27]. http://www.aiweibang.com/yuedu/60498581.html.

和重要信息，因此也更容易被用户在使用搜索引擎时搜索到。[1]

（三）用户互动：透明的评论活跃度

近年来，包括路透社、《今日美国》旗下FTW、《芝加哥太阳报》在内的多家知名媒体接连宣布将用户评论区移出新闻网页，有关评论功能转移至社交网络。而在邮报在线看来，评论区恰恰是网络报道最鲜活精彩的部分——网友真实、即时的反应是检验一篇文章是否成功的标准之一。网民的参与程度、评论活跃度是衡量网站流量大小的关键要素，如果一个网站的受众与受众之间、受众与网站之间缺乏互动，它是没有活力的。

邮报在线的运作以数据为指向，网站下设统计频道（Stats），实时发布当前访问量及用户评论情况，数据相当全面、透明。进入该频道，最上方分别是邮报在线在英国、全球、美国的流量热力图（Traffic Heat Map），其监测系统能够统计出世界各地的邮报在线实时访问量、过去1小时访问量、当天总访问量。鉴于美国已成为邮报在线最大的海外市场，所以美国流量热力图也会发布美国各州的实时访问量。其下是意见领袖榜（Comment Leaderboard），分别公布过去1小时、过去7天、过去30天最受好评和最受争议的意见领袖以及他们发布的具体言论。频道边栏则统计过去1小时、过去7天、过去30天出现了多少评论，分别有多少好评（绿箭头）和差评（红箭头），还列出最活跃用户名单。统计频道还关注邮报在线在社交网站上的活跃度，Twitter转发量最大、Facebook被点赞最多的邮报在线文章也列表公布。此外，当天最受好评的评论、最受争议的评论都被逐一统计。

邮报在线已成功利用评论区让用户产生阅读期待，形成看评论的习惯。评论区不仅增强了用户的参与性，还将用户自产内容（UGC）为己所用，是培养忠实用户的绝佳途径。一篇文章发布几分钟后，网络采编

[1] Lucia Moses. 每日邮报网站（Mail Online）流量何以坚挺？六大“小报思维”强势绝杀. [EB/OL]. 腾讯全媒派编译. [2015-10-27]. http://www.aiweibang.com/yuedu/60498581.html.

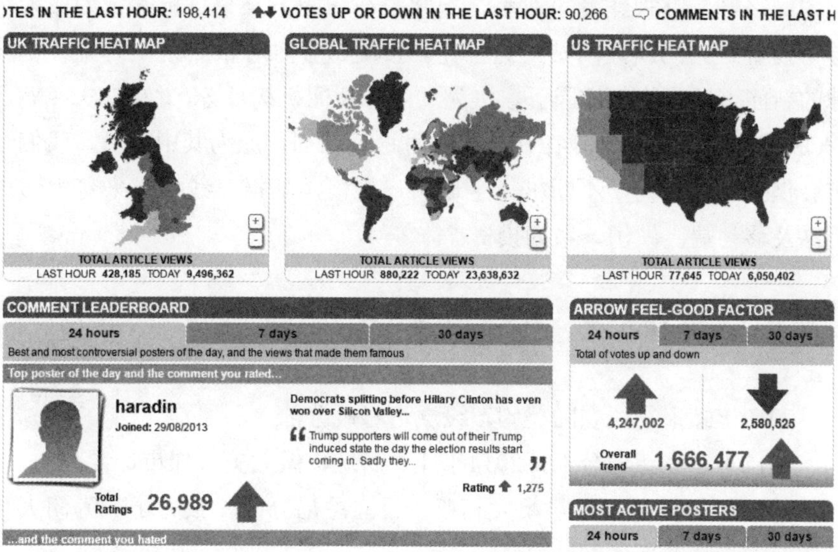

邮报在线截图："Stats"频道实时发布当前访问量及用户评论情况

团队查看反馈就知道它有没有和用户产生共鸣，根据用户评论和关注焦点，网编可修改文章标题和报道角度，补充相关图片，或将评论热烈、用户感兴趣的文章推到显要位置，这些努力都可以增加网站的点击量。

四、进击的全球用户扩张版图

经过10年的数字化转型，《每日邮报》仍是英国媒体，以服务英国读者为主，而邮报在线已是世界级媒体，服务全球用户。据每日邮报与通用信托集团2014年报分析，邮报传媒未来面临的主要风险，一个是报纸发行和广告收入持续下行，一个是邮报在线的扩张战略是否能顺利推进。[1]虽然邮报在线已是全球访问量最高的英语报纸网站，但克拉克并不止步于此，他把赫芬顿邮报、Facebook等任何与邮报在线争夺用户时

[1] Daily Mail And General Trust PLC Annual Report 2014[EB/OL]. http://www.dmgt.com/~/media/Files/D/DMGT/reports-and-presentations/100-43543.pdf.

间的网络产品都视作竞争对手，把邮报在线的下一个目标确定为成为全球访问量最高的新闻网站。克拉克在接受《金融时报》采访时说："全球的新闻市场最终将被四五家大型的全球新闻机构瓜分，像雅虎、CNN、BBC和纽约时报……邮报在线必须跻身这一行列，成为其中一员，我们一定会做到。"[1]为了不断扩大全球用户规模，邮报在线近年来着力布局全球及移动端，做了一系列投资扩张。

（一）全球扩张

2010年邮报在线登陆美国，设立洛杉矶分部；

2011年设立纽约分部，2014年迁入新址，做大美、加市场；

2014年邮报在线登陆澳大利亚，设立悉尼分部，致力于成为澳大利亚访问量最高的新闻网站。

截至2014年9月，邮报在线675人的团队在全球分布情况为：伦敦460人、纽约125人、洛杉矶40人、悉尼50人，由于存在时差，英国、美国、澳大利亚团队可以24小时接力，不断更新网站内容。[2]

在英国之外，邮报在线尤为重视美国市场。虽然来自美国的访问量已远远超出英国本土，但是根据2014年数据，来自美国市场的收入仅占邮报在线当年收入不到1/5。[3]克拉克表示："我们首先在内容上投资，构建用户群。现在是时候建立我们在广告中的影响力了。"为了加速流量及影响力变现，邮报在线加大对美国市场的投入，旨在提高当地广告收入。

其一，扩充北美营销团队和内容团队，以扩大用户和收入规模。邮报在线从尼尔森挖来全球营销官Sean O'Neal，从CBS互动音乐集团

[1] Henry Mance. Mail Online and the next page for the 'sidebar of shame' [N/OL]. Financial Times, 2014-09-24. https://www.ft.com/content/cf2e53d2-425e-11e4-a9f4-00144feabdc0.

[2] Mail Online. http://www.dmgt.com/~/media/Files/D/DMGT/reports-and-presentations/100-42969.pdf.

[3] Daily Mail And General Trust PLC Annual Report 2014[EB/OL]. http://www.dmgt.com/~/media/Files/D/DMGT/reports-and-presentations/100-43543.pdf.

挖来Rich Sutton担任全球广告销售高管，又从微软公司挖来高管James Leaver，负责拓展邮报在线国际市场数字业务。克拉克说："我们积极拓展邮报在线的国际业务，同时也在增加收入，相信James在国际业务拓展方面的经验能为我们带来更大的发展。"[1]

其二，购买新域名，提高品牌识别度。在英国，邮报品牌深入人心，邮报在线及其英国域名dailymail.co.uk为用户所熟知。在美国的情形却大不一样，《新闻周刊》和《每日野兽报》前CEO斯蒂芬·科尔文认为，邮报在线虽然在美国非常受欢迎，但品牌识别度却很低，95%的美国用户根本不知道邮报在线是由一份报纸创办的，以为它就是一个网站。为了对品牌做重新定位，让邮报在线成为全球品牌，而不只是一个英国品牌，2013年底，邮报在线在美国重金购买新域名dailymail.com，通过提高品牌识别度，吸引美国广告投放。[2]目前，邮报在线美国频道主页的版头是dailymail.com，澳大利亚频道主页的版头是Daily Mail Australia，英国（及其他地区）频道主页的版头则继续沿用Mail Online。

（二）征战移动端

邮报在线不仅将PC端网站办到极致，近年来也积极抢占移动端高地。根据邮报在线提供的数据（见表5-2），截至2014年9月，其52%的月独立访问量来自智能手机、平板电脑和APP，移动端访问量已超过PC端，而且移动端流量增速极为迅猛。另据ComScore统计，在全美英语报纸网站中，邮报在线拥有的美国25岁到34岁的移动网络女性用户最多。克拉克说："移动平台的增长非常快，从本质上讲，它也是更有价值的用户群——他们在网站中花费的时间更多，并且更加投入。"在多种移动终端当中，邮报在线最重视APP的发展。

---

[1] 进击的Daily Mail出版人：改革铁腕何以让纸媒网站流量鬼畜回升？[EB/OL]. [2014-03-19]. http://www.aiweibang.com/yuedu/62279012.html.

[2] Kara Bloomgarden-Smoke. How 'journalism crack' conquered the internet: MailOnline publisher Martin Clarke wants to get even bigger[N/OL]. Observer，2014-03-19. http://observer.com/2014/03/mailonline/.

表5-2 邮报在线不同终端访问量情况统计*

终端类型	月独立访问量	占比	同比增长
PC	8900万	48%	17%
智能手机	6700万	36%	88%
平板电脑	2600万	14%	72%
APP	300万	2%	30%
合计	1.85亿	100%	41%

*2014财年与2013财年数据比较　来源：邮报在线

2011年，邮报在线APP发布，延续了其网页版的风格：大图，长标题，信息量大，无广告。移动版起初考虑过采用付费订阅机制，但很快还是决定采用免费模式，希望通过全部免费，赢得大量用户，可以更快做大。除了免费，邮报在线APP特别重视用户体验，包括实现了内容预加载，方便用户在没有网络的情况下阅读，以及加盟Google联合Twitter发布的移动页面加速计划（AMP），旨在提高移动端新闻页面的加载速度，为用户带来更好的阅读体验。[1]

2013年12月，邮报在线APP被Google Play Store评为英国年度最佳APP。据ComScore统计，邮报在线APP在2015年名列新闻类APP用户黏度榜首，每位用户每月使用时长比平均值多出5小时；每位用户的每次访问时长比各类APP平均值高出20%，用户在这款APP上分享一篇文章的可能性是平均值的两倍。克拉克表示，邮报在线APP用户量占邮报在线总用户量相当大的比例，而且他们都是非常忠实的读者。他估计邮报在线移动端APP将在2017年为邮报在线带来至少一半流量。[2]

（文/张纯）

[1] 进击的Daily Mail出版人：改革铁腕何以让纸媒网站流量鬼畜回升？[EB/OL]. [2014-03-19]. http://www.aiweibang.com/yuedu/62279012.html.

[2] 进击的Daily Mail出版人：改革铁腕何以让纸媒网站流量鬼畜回升？[EB/OL]. [2014-03-19]. http://www.aiweibang.com/yuedu/62279012.html.

第六章

《泰晤士报》：

综合性日报如何在数字时代盈利

1785年创刊的《泰晤士报》是英国历史上最悠久的综合性日报，也是世界上连续出版时间最长的报纸之一，被称为“现代新闻事业鼻祖”。该报以消息可靠、言论权威著称，报道涵盖政治、经济、文学、艺术、体育等领域，在英国报坛乃至世界报坛上享有很高的声望，被联合国教科文组织评为“世界著名老字号报纸”[1]。

随着互联网和数字化浪潮的袭来，经过230年风雨洗礼的《泰晤士报》积极谋划媒体竞争的新策略。在“数字优先”已经成为英国媒体共识的背景下，《泰晤士报》采取了网络版收费的应对策略，并实现从读者流失向数字盈利的转变，在新媒体、商业模式的转型以及品牌影响力提升方面均走在世界报业转型的前列。本文将对《泰晤士报》的数字转型进行梳理。

一、盈利模式探索：作为品牌的《泰晤士报》及其付费墙

作为英国的第一主流大报，《泰晤士报》在英国国内政治和国际关系问题上扮演着重要角色，对全世界政治、经济和文化发挥着巨大的影响。

《泰晤士报》被视为英国最具代表性的报业品牌之一，被誉为“英国社会的忠实记录者”。1785年1月1日，《泰晤士报》由约翰·沃尔特（J. Walter）创办于英国的伦敦。创办初期，报纸名为《每日环球记事

[1] 李骏. 老牌《泰晤士报》的新媒体秘籍[J]. 传媒评论. 2014，9：59.

报》，1788年1月改名为《泰晤士报》。[1]创始人约翰·沃尔特在创刊词中满怀豪情地写道“一份新闻纸，应该是时代的记录和对各种信息的忠实记录者”[2]，这成为《泰晤士报》的办报理念，并持续影响着这份大报的走向。

两百多年来，虽然《泰晤士报》数易其主，由沃尔特家族（1785—1908）、北岩报团（1908—1922）、阿斯特家族（1922—1966）、汤姆森家族（1966—1981）等不同经营者掌舵[3]，但其始终秉承“独立地、客观地报道事实”“报道发展中的历史”的办报理念，吸引了不少高端的读者，满足不同层次受众对高品质新闻资讯的要求，并以新闻公正、准确、权威的办报风格赢得了公众的认同，成为公认的报业品牌。[4]

1981年，默多克以1200万英镑收购当时经营不善的《泰晤士报》，使其成为新闻集团旗下的报纸。许多英国人担心《泰晤士报》会变成《太阳报》的模样，刊登丑闻和半裸女郎照片，成为追求黄色新闻的商业大报。但最终这份报纸保留了严肃报纸的面孔，风格保持不变，政治新闻仍然处于主流地位。

其实，早在收购之初，默多克曾以书面的形式保证不干预《泰晤士报》的编辑方针，报纸设立相对独立的董事会，由社会名流组成，以此来摆脱默多克对报纸内容的绝对控制，保持传统的高质量报纸的风格。但不能否认的是，默多克通过竞争手段对《泰晤士报》进行的改革，确实使这份报纸再次恢复了新的生机。[5]

为了适应时代的发展，《泰晤士报》在不改变传统风格的前提下，注意寻找严肃性和可读性之间的平衡，栏目设置向多元化方向发展，更多地采用彩色报纸和大幅彩色照片，总体风格进一步软化，对重要文章

[1] 傅平，张晓东. 网络时代的纸媒转型——以《泰晤士报》为例[J]. 新闻与传播评论. 2015，4：254.

[2] 唐亚明. 走进《泰晤士报》[J]. 书摘. 2004，10：14.

[3] 高晓燕.《泰晤士报》把握高端读者市场的策略与实践[J]. 传媒. 2015，7：56.

[4] 朱小翠. 从世界大报看品牌报纸打造——以《泰晤士报》《纽约时报》《人民日报》为例[J]. 现代营销. 2011，8：15.

[5] 傅平，张晓东. 网络时代的纸媒转型——以《泰晤士报》为例[J]. 新闻与传播评论. 2015，4：255.

则要求“以跳动的文字抓住读者”。而在内容方面，该报进一步扩大了报道范围，在重视言论和独家新闻的前提下，增加了社会、体育、娱乐等方面的报道。[1]

在人才的选用上，《泰晤士报》也更加注重年轻化和国际化，改变以往单纯从本国其他报纸招聘人才的惯例。2002年，默多克大胆聘用年仅41岁的澳大利亚人汤姆森担任《泰晤士报》的总编辑，成为《泰晤士报》两百多年来首位非英籍总编。[2]汤姆森能被委以重任，来自丰富的新闻实践以及敏锐的新闻触觉，他擅长把高质量的新闻转化为发行量，同时又不削弱报纸的权威性和声誉。[3]

数字时代，商业盈利与品牌形象的平衡是主流大报的头等大事。汤姆森对于《泰晤士报》的定位和发展有着清醒的认识，他提出：“《泰晤士报》要成为英国高品质新闻的堡垒”，“它包括很强的可读性、高超的写作技巧以及最佳的视觉效果”。[4]

从创刊至今的两百多年时间里，《泰晤士报》一直将读者群体定位在社会中上层，即使后来它为了吸引更多读者，在报纸内容上做出了扩充，但最主要的读者市场定位仍旧没有变化。

但为了面对竞争日趋激烈的市场环境，《泰晤士报》在营销改革上做足功夫。《泰晤士报》以消费者为中心进行整合营销，通过投入巨额广告费进行宣传推介、开展公益赞助活动、推进灵活的价格营销等手段，积极塑造报纸品牌形象，提升《泰晤士报》的美誉度；同时，《泰晤士报》积极推进网络版的改版工作，推行多渠道、区域化发行，不断实现媒介融合，实现多渠道营销；另外，《泰晤士报》还通过办专刊、打造精美副刊、随报赠送精美杂志和开展读报有奖、趣味游戏等活动，增强读者对报纸的忠诚度，进而促进和保障营销目标的实现，提升品牌

[1] 傅平，张晓东. 网络时代的纸媒转型——以《泰晤士报》为例[J]. 新闻与传播评论. 2015，4：255.

[2] 展江.《泰晤士报》小报化改革探析[J]. 中国记者. 2007，1：83.

[3] 唐亚明. 走进《泰晤士报》[J]. 书摘. 2004，10：16.

[4] 朱小翠. 从世界大报看品牌报纸打造——以《泰晤士报》《纽约时报》《人民日报》为例[J]. 现代营销. 2011，8：15.

价值。[1]

同时，随着电子媒介的高速发展，新闻信息同质化现象也日益凸显，报纸品牌以原创的新闻报道、独特的新闻视角、内容为王的优势日益显现。《泰晤士报》推崇内容至上，因此始终被视为偶像品牌、世界品牌、信得过的品牌。

随着新媒体时代的来临，《泰晤士报》坚持内容是报纸唯一的商品，并认为各种新颖的媒体形式，都只是为了让读者获得更多更有效的信息内容。随着《泰晤士报》网络版、iPad版、手机版的涌现，《泰晤士报》由始至终保持着内容至上，在内容上注重对客观事实的阐述，履行“英国社会忠实记录者”的义务。这份坚守，稳定了高端的读者市场。

高端读者需要的是客观、有独立态度立场的阅读内容，而非缺乏公信力的小报的消息。相对于英国其他报纸，《泰晤士报》在新的媒体环境下确实显得过于严肃和刻板，但正是这份严肃符合了高端读者的需求，也为其在数字时代逆流而上奠定基础。

《泰晤士报》一直保持其独立办报的原则，不为政治权力左右，也不会一味地迎合大众的价值取向，而是坚持自身原则来报道、评述新闻。[2]

另外，《泰晤士报》报社内有个规矩：“商人不能拿主编的笔”。主编是决定报纸内容的关键性人物。《泰晤士报》的编辑们认为，市场营销和品牌推广不是编辑应该考虑的事，保护报纸内容的整体性对于《泰晤士报》而言至关重要。《泰晤士报》一直在内容上保持着报纸的准确性、风趣性和文字的优美性的传统。他们认为，读者是理性的，读什么报纸他们会根据内容来做决定。部分广告公司或公关机构提出可以提供给报社某个版面的赞助，但是开出的条件如果是不允许报社过问编辑方面的事宜，报社会坚决不同意这样的做法。他们必须保证受赞助版面的内容质量不低于其他版面[3]，坚守着《泰晤士报》“做社会忠实的

---

[1] 赵萌琪. 论网络时代传统报业数字化转型——以英国《泰晤士报》为例[J]. 中国报业. 2015，9：26.

[2] 高晓燕.《泰晤士报》把握高端读者市场的策略与实践[J]. 传媒. 2015，7：56.

[3] 朱小翠. 从世界大报看品牌报纸打造——以《泰晤士报》《纽约时报》《人民日报》为例[J].现代营销. 2011，8：16-17.

记录者”的品牌形象，始终为该报赢得足够忠实的读者。

二、获利的付费墙

随着数字时代的袭来，《泰晤士报》较早意识到对新的盈利模式进行探索。

从大环境看，由于新媒体的冲击，整个报界的发行量都在持续下滑。统计显示，从2000年到2005年，英国报纸发行量总体上下降了20%，而英、法、德等国的多数大报每年减少1万至2万份，美国一些大报的发行量也出现萎缩。[1]

另一方面，百年老报《泰晤士报》也面临重重危机，销量锐减。为扭转亏损，1993年9月，《泰晤士报》打响了“价格战”，把报纸价格从45便士降到30便士，提高发行量，并取得一定成效。到1995年1月，《泰晤士报》报价最低时只卖5便士1份，发行量提高到80万份。[2]

这场价格战持续了近12年，初期颇有成效，销量一度增长。但从长期来看，《泰晤士报》12年亏损达1.75亿英镑。[3]事实证明，数字化时代，传统报业靠价格盈利的模式已经难以为继，《泰晤士报》在新的付费手段上找到突破口。

2010年7月，《泰晤士报》创建了网络阅读的付费墙，开始对网络内容进行收费，成为世界上第一个推出付费应用的报纸。

当月2日，新闻集团宣布正式对旗下《泰晤士报》和《星期日泰晤士报》网络版进行收费，收费标准为每天1英镑（约合1.50美元）或每周2英镑，在推广期间，任何一位注册用户可以以1英镑的价格试用30天。[4]

同时，《泰晤士报》还成为英国首个研发第三方应用程序（APP）的

[1] 展江.《泰晤士报》小报化改革探析[J]. 中国记者. 2007，1：83.

[2] 李骏. 老牌《泰晤士报》的新媒体秘籍[J]. 传媒评论. 2014，9：59.

[3] 展江.《泰晤士报》小报化改革探析[J]. 中国记者. 2007，1：83.

[4] 李明.《泰晤士报》网站收费后90%读者流失[EB/OL]. [2010-07-22]. http://tech. sina.com.cn/i/2010-07-21/19384455604. shtml.

媒体，于同年推出了包含网络和APP内容浏览的“数字”系列订阅套餐，订阅用户不仅能够获得新闻信息，还能得到很多附加服务，成为吸引更多订阅用户的重要手段。比如，订阅数字套餐的用户可以享受“泰晤士报增值会员”的身份，从而有获得米兰时装周的最新资讯、电影首映式的参加名额以及免费电影票等机会。[1]这种附加式的订阅服务既符合《泰晤士报》的品牌价值，又能保证《泰晤士报》的正常收入。

然而，实行网络内容收费对于《泰晤士报》而言毕竟是一着险棋。

实行在线新闻收费战略初期，《泰晤士报》就流失了大部分免费阅读的网民。2010年数据显示，泰晤士报网站实施收费后，其读者数量减少了近90%。[2]

然而一年后，形势出现扭转，《泰晤士报》收费电子版的订阅量开始稳步增长。据英国《卫报》报道，从2011年9月到2012年1月，《泰晤士报》的电子版每个月的订阅人数持续增长：从11.1万增长了7.5%，接近12万人次。[3]到2014年7月，数字订阅用户已经突破15万，平均每月增加2000名新用户。[4]

《泰晤士报》的网络内容收费充分证明，一般报纸所采用的免费阅读模式，会带来大流量的低端客户，这些客户不关注品牌事务，很难与媒体建立情感上的联系，因此，这种免费阅读模式很难为品牌广告提供合适的平台。《泰晤士报》通过付费墙，让客户认识新闻产品的价值，而且这些用户更富有，忠诚度也更高。国际新闻公司首席营销官范内克称，国际新闻公司的付费用户访问泰晤士报网站的频率要比收费前多，在其iPad内容订阅户中，有60%的用户收入超过了10万英镑。[5]

目前，《泰晤士报》网络版的点击量远远超过报纸发行量。据新

[1] 李骏. 老牌《泰晤士报》的新媒体秘籍[J]. 传媒评论. 2014，9：60.

[2] 李明.《泰晤士报》网站收费后90%读者流失[EB/OL]. [2010-07-22]. http://tech. sina.com.cn/i/2010-07-21/19384455604. shtml.

[3] 斯年. 英国《泰晤士报》电子版收费后订阅者增长[EB/OL]. http://news. sina.com.cn/m/2012-02-17/170123950408. shtml.

[4] 白阳. 英国纸媒转型之路不轻松[N]. 人民日报. 2014-07-03（22）.

[5] 李骏. 老牌《泰晤士报》的新媒体秘籍[J]. 传媒评论. 2014，9：60.

闻集团下属的国际新闻公司统计，付费阅读泰晤士报网站内容的客户中有75%是英国客户，74%的客户来自iPad、手机等移动终端。为了更好地运用新技术，该报还削减了数十个纸质版编辑岗位，通过整合编辑团队，将新闻业务重心转向数字板块，使IT人员占所有编辑记者人数的一半，同时为24小时实时更新新闻做好了准备。[1]

三、业务流程重组：《泰晤士报》的全媒体生产

（一）全媒体路径

技术的变革带动新闻生产模式的变革。在运用新技术上，《泰晤士报》一直是新闻媒体的典范[2]：

1814年，《泰晤士报》率先使用蒸汽印刷机，每小时可印刷1100份；1827年，改用四轮平板印刷机，每小时印刷4000份；1847年采用轮转机，每小时出报1.1万份，版面增加为12版。

1981年被默多克收购后，1982年开始采用电脑排版和激光照排印刷技术，印刷效率进一步提高。

1986年，《泰晤士报》实行“沃坪革命”，报社从舰队街旧址移师伦敦东部的沃坪，采用全新的电子技术和印刷设备，并把报纸的配送系统由铁路改为公路，提高发行效率。

2006年，《泰晤士报》紧跟潮流花费10亿美元购置全彩印刷机，印刷彩色版报纸，改变读者的阅读体验。

随着数字媒体和移动终端的出现，《泰晤士报》也在积极向全媒体转型：1996年，《泰晤士报》创办网络版；2006年，泰晤士报网站开始采用文字、图片与音视频结合的新闻报道模式，实行全天候新闻报道；2010年5月，《泰晤士报》发布了iPad版。

[1] 李骏. 老牌《泰晤士报》的新媒体秘籍[J]. 传媒评论. 2014，9：60.

[2] 李骏. 老牌《泰晤士报》的新媒体秘籍[J]. 传媒评论. 2014，9：59.

当传统媒体将网络、手机等新载体作为自己开拓市场的利器，启动数字工程的时候，必将面临种种障碍与难题，如资金和技术瓶颈、管理难度加大、盈利模式不明、媒介文化隔阂，等等。而要真正实现传统媒体的优势资源向新媒体转化，媒介组织的重构与采编流程再造成为当务之急。[1]

2007年9月，中国学者蔡雯和李亚丽在《泰晤士报》中看到了这样的工作场景：网络版编辑与报纸编辑在同一间办公室里忙碌。当时，该报网络版执行副总编辑告诉她们："你们来的时间非常巧，从这周开始，报纸和网络版的新闻部门合二为一，正式搬到一起办公。媒体融合的目的是把网络版和报纸都办成各自领域最好的传媒，报纸全面深入，网络快速不断档、不漏报，所谓无缝隙新闻。至于如何才能实现这个目的，我们还要探索。我觉得未来6—12个月会有很大变化。网络版鼓励各个栏目自行找到最适合自己的方式，最终的目标是让记者人人都既给网络版又给报纸写稿。"[2]

2013年，为了适应全媒体的生产模式，《泰晤士报》实施"新闻360计划"，从工作到文化，从纸媒到多媒体生产，重新设计新闻生产架构和流程。在新媒体发展的初始阶段，《泰晤士报》需要三个采编团队分别对应报纸、网络和移动终端这三种媒体，24小时不间断供给新闻，满足受众的需求。各个媒体部门还得发展自身的新媒体部门，探索新媒体的运营模式，寻找盈利点。[3]

如今，《泰晤士报》共有4个不同版本的终端，分别是传统报纸、网络版、iPad版和手机版，新闻产品都由同一批记者编辑完成采写和发稿。每一位《泰晤士报》记者，除了完成传统意义上的文字稿外，还必须为新闻稿配上必要的现场照片，必要时还需要采集录音、拍摄视频，

[1] 蔡雯，李亚丽. 传统媒体如何决胜数字时代？——对英国三家著名媒体的调查与思考[J]. 国际新闻界. 2007，9：51.

[2] 蔡雯，李亚丽. 传统媒体如何决胜数字时代？——对英国三家著名媒体的调查与思考[J]. 国际新闻界. 2007，9：52.

[3] 傅平，张晓东. 网络时代的纸媒转型——以《泰晤士报》为例[J]. 新闻与传播评论. 2015，4：258.

运用多媒体手段实时向多个终端提供稿件。

责任编辑收到记者发来的多媒体稿件后，采用多媒体手段对文字稿件进行编辑，对视频录音素材进行剪辑，并向4个不同终端发稿。

每天4个不同终端都有一名值班编辑，负责统筹安排各个终端的内容——哪个稿件放头条，哪个稿件放首页，哪个稿件需要配图片以及哪个稿件需要配视频。而每天编辑出版的报纸，实际上就是其他3个终端内容的精选集成。

为了适应全媒体新闻生产的需求，《泰晤士报》还自行研发了一套采编系统，一键便可同时向4个终端发稿，大大节省新闻采编的人力成本。

然而，这种全媒体转型其实是一个痛苦而又艰难的过程，为了适应新的工作流程，所有采编人员都必须经过严格的上岗培训，进行全面“洗脑”。虽然转型完成之后，真正实现当年网络版执行副总编辑所说的“让记者人人都既给网络版又给报纸写稿”的目标，但记者和编辑的工作量也比以往增加了三倍，而且采编人员几乎没有增加，收入也没有增加。《泰晤士报》设计总监Jon Hill先生对此曾经表示，新媒体转型没有任何捷径可走，要想成功，就必须是实实在在的付出。[1]

（二）新闻可视化生产

《泰晤士报》在长期的办报实践中意识到，人脑对图形信息的处理可以在瞬间完成，对文字的处理则需按照线性顺序，速度会慢很多，因此，利用图片、视频等传播手段来进行新闻创新是开辟市场的利器。网络技术的发展和运用为获取数据提供了可能，基于数据挖掘基础上的数据新闻可视化，成为各大媒体争相抢夺的战略要地。

为了满足新闻可视化的发展要求，《泰晤士报》整合了从传统的调查新闻到数据统计、从美工设计到电脑编程的若干个专业领域的资源，

[1] 松涛无眠. 传统媒体转型出路何在？——与泰晤士报前新媒体总监海克特的对话[EB/OL]. [2014-01-29]. http://blog. sina.com.cn/s/blog_53bf4d880101dxra. html.

对新闻从业人员提出了更高要求。

《泰晤士报》在英国媒体中较早建立了新视觉新闻团队，报社的采编人员共约420人，其中新视觉新闻团队就有34人。这个团队的工作重心是运用视觉元素对时事新闻进行分析阐释。团队中的核心成员有3人，分别是数据记者、信息编辑和内容设计编辑，另外还有效果展现程序员1人、数据挖掘员1人和设计人员29人。[1]

新视觉新闻团队核心成员中的内容设计编辑（视觉总监）是项目的主要决策人，日常工作职责是确定选题、编辑数据、制图、成品出稿等，需要具备图表设计、信息设计、简单HTML编程技术、后期制作、Adobeedge和Indesign等软件应用、插图绘画等能力。数据记者一般由新闻记者转型而来，负责挑选题、挖掘数据和编辑数据，需要具备写作、调查、根据数据形成观点、制图、缩小数据搜索范围等能力。信息编辑又称为图表编辑，日常工作是制图、信息沟通，需要具备图表设计、信息设计、网页设计、视频后期制作、插图绘画等技能，还能使用Adobeedge、Indesign等软件。[2]

新视觉新闻团队三位核心成员的工作互相交叉，在不断讨论和磨合中完成合作。成员之间工作的主要流程是：确定选题—挖掘数据—编辑数据—制图—成稿。在日常的工作中，新视觉新闻团队还会根据不同内容的需求，邀请相关的文字记者参与合作，由图表设计人员和合作记者一起完成稿件。[3]

《泰晤士报》对视觉设计人员的要求，除了基本的美术功底之外，还需要良好的新闻素养和较强的电脑技术。《泰晤士报》很多优秀的视觉设计人员是从新闻记者转型而来。从事新闻图表设计工作，需要较高的新闻提炼和信息数据整合能力。对新闻选题和要素的把握提炼，更决定着最终视觉表达的优劣。拥有新闻、软件和艺术技能的高素质复合型

[1] 李骏. 老牌《泰晤士报》的新媒体秘籍[J]. 传媒评论. 2014，9：60.

[2] 郑蔚雯，姜青青. 大数据时代，外媒大报如何构建可视化数据新闻团队？——《卫报》《泰晤士报》《纽约时报》实践操作分析[J]. 中国记者. 2013，11：132.

[3] 郑蔚雯，姜青青. 大数据时代，外媒大报如何构建可视化数据新闻团队？——《卫报》《泰晤士报》《纽约时报》实践操作分析[J]. 中国记者. 2013，11：133.

视觉人才，目前已经成为欧美多数报纸视觉团队争夺的对象。

此外，视觉化新闻叙事的手法是在计算机技术基础上发展起来的，这对操作人员的软件熟练能力和应用能力提出较高要求。在新视觉新闻团队中，作为技术人员的数据挖掘员和程序员需要具备数据深度研究、数据运算、从多种渠道快速调出数据等能力，但是否具有新闻从业背景则不需要过多考虑。

成熟的视觉化新闻不仅传播了新闻信息，还提高了该报的可读性和欣赏价值，为读者带来更为实在的阅读感受，成为《泰晤士报》制胜的法宝之一。

（三）新产品开发

除了日常的新闻报道外，基于新媒体平台，《泰晤士报》还有一个专门团队，负责新媒体产品研发，以此吸引更多受众。比如他们在体育频道植入了收费游戏，在时尚频道植入了电商平台，使受众在获取大量新闻资讯的同时，还能得到各种实实在在的生活服务或娱乐享受，这些新媒体产品为报社带来了可观的经济效益。[1]

此外，《泰晤士报》在运用新技术开发新产品和服务方面也获得了不少成果。

例如，《泰晤士报》发现网络版至少一半以上的读者是通过Google、Yahoo等搜索引擎才来到网络版，认为采用报纸的方式难以吸引更多的网络版读者。为此，《泰晤士报》组织专门的技术小组从搜索关键词着手，每天密切跟踪读者的阅读情况，提交给网络编辑部一份名单，列出网上最受关注的关键词排名，网络版的校对编辑会在保证泰晤士报的新闻标准不会被降低的前提下，在文字处理过程中尽量多用名单上的关键词。[2]

[1] 松涛无眠. 传统媒体转型出路何在？——与泰晤士报前新媒体总监海克特的对话[EB/OL]. [2014-01-19]. http://blog. sina.com.cn/s/blog_53bf4d880101dxra. html.

[2] 蔡雯，李亚丽. 传统媒体如何决胜数字时代？——对英国三家著名媒体的调查与思考[J]. 国际新闻界. 2007，9：53.

另外，《泰晤士报》还通过新技术尝试广告的优化配置，使广告与网站文章的内容挂钩。

目前《泰晤士报》网络版拥有一套名为“快速（FAST）”的智能软件系统，用于分析新闻栏目中的关键词。例如，把“快速（FAST）”运用于旅游栏目，该系统会阅读旅游栏目的所有文章，给每篇文章总结出几个关键词，再把关键词相同或相近的10—20篇文章归为一组，然后由记者来检查软件分组是否妥当，防止软件出错。最后，编辑可以根据文章分组进行广告分组，决定哪些广告出现在哪组文章中。现在，除去了一些老文章，《泰晤士报》网络版有75万篇文章可供这种分类和广告配置，进一步提高了网络版的广告效果，这也是《泰晤士报》探索盈利模式的一种思路。[1]

四、用户体验变革：《泰晤士报》的小报化与阅读体验

《泰晤士报》数字化运营部门总监露西亚·亚当斯曾经表示：“现在除了内容传递方式的改变，报纸还在进行另一个转变，即从单向‘给予’到把读者的需求放在最重要的位置，专门考虑读者究竟更想要什么样的内容和服务。”[2]

2004年，作为精英报纸的《泰晤士报》就尝试大报、小报同时发行。根据读者反馈情况和多方调研，《泰晤士报》最终确定了发行小版面的改版方案。

严肃大报之所以“屈尊”进行小报化改造，是为了方便读者阅读。在英国，报纸发行主要靠零售，上班族大多是在上下班途中顺手买份报纸，利用乘车时间浏览一下，而在拥挤的地铁或公共汽车车厢里，要展开一份大报颇不容易。相比之下，阅读一份小报则要方便得多。因此，

[1] 蔡雯，李亚丽. 传统媒体如何决胜数字时代？——对英国三家著名媒体的调查与思考[J]. 国际新闻界. 2007，9：53.

[2] 白阳. 英国纸媒转型之路不轻松[N]. 人民日报，2014-07-03（22）.

从20世纪90年代起，《泰晤士报》就开始进行小报板块的探索。

在向员工解释推出小报版本的原因时，《泰晤士报》时任总编汤姆森说道："《泰晤士报》是世界上最古老、最受尊敬的报纸之一，如今我们正在创造历史。""虽然紧凑型的《泰晤士报》将是小报格式，但它和一般意义上的小报有着本质的区别，它是以一种新的形式来展现大报的内容和价值。卓越的编辑质量是我们所有工作的基础，不管报纸的形状如何，它都将是一份专业的、高尚的、充满激情的报纸。"[1]

改版后的《泰晤士报》呈现以下特点：对重要板块新闻字号进行放大；照片变得更大；在报纸的做法上借鉴杂志做法，文章连续刊载；字体空间进行压缩。[2]

根据英国报刊发行稽核局公布的数字，《泰晤士报》小报版推出后的第一个月，发行量增长率为2.29%，增长了1.4万份，达到63.6万份。此后，欧洲、美洲、亚洲各国的报业纷纷跟风进行瘦身。[3]《泰晤士报》小报化成为这份经典大报在激烈的市场竞争中求变图存的众多举措之一，也借此表明它不再是一份"高层人物"独享的报纸，而是面向各个阶层、各个年龄段的读者的普及型报纸。

2006年，更新印刷机后（可全部彩色印刷）的《泰晤士报》不仅仅是变为全彩那么简单，连内容也进行了全方位的改革，更符合读者的阅读需求：[4]

1．第二版变为评论以体现报纸权威性，并且做了一个细微变化：该报权威评论文章文字居左。

2．运用色彩对不同类别的新闻进行分类，在设计分析性强的报道时，版面上会加黄色圈。

3．设立"图片视觉版面"，如矿难、卡扎菲如何被捕等新闻几乎全部使用图形图片图表来进行报道，科学、金融等版面也采用大图表和少

[1] 唐亚明. 走进《泰晤士报》[J]. 书摘. 2004，10：17.

[2] 麻茵，翟铮璇.《泰晤士报》《金融时报》的全媒体视觉策略[J]. 中国记者. 2012，2：122.

[3] 展江.《泰晤士报》小报化改革探析[J]. 中国记者. 2007，1：83.

[4] 麻茵，翟铮璇.《泰晤士报》《金融时报》的全媒体视觉策略[J]. 中国记者. 2012，2：122.

量文字来讲述新闻。

4. 政要新闻用更易懂的语言解读。继续保留政治类漫画作为《泰晤士报》的一个重要部分，以体现报纸观点和权威性，尽量做到保持中立。

5. “读者来信”板块会邀请读者对昨天的新闻进行评论，哪怕是很尖刻的评论，都会对原文章进行刊发。

6. 另设“英国女王每日行程”板块，发布独家内容。

此外，《泰晤士报》对重大新闻也加大投入。在新闻发生和持续过程中不断更新版面进行加页印刷，加页以视觉为主。例如：奥巴马大选期间，不断更新版面直至早上6点；杰克逊去世时，连续两天加页，对杰克逊的成长历程进行展示，甚至绘制图形教大家怎么跳滑步；威廉王子大婚，请唇语专家来分析他们说了什么，将宗教语言解读成大众通俗易懂的信息，时尚专家解读礼服，分析车队行驶的过程中车队人物，分析阳台之吻。与此同时，还制作了科学杂志版，介绍宇宙空间、环境变化等新内容，并用各种精美的图表来进行诠释。[1]

除了报纸的内容和观感外，《泰晤士报》在其他终端版本的设计上也下足功夫。《泰晤士报》数字化运营部门分析，数字内容的订阅者主要是在平板电脑和手机上浏览内容，这部分读者的年龄相对年轻，大约比报纸订阅者小10岁左右，所以在内容设计上与报纸稍有不同。

《泰晤士报》关于iPad界面的设计思路是：让报纸颜色、形态、分类、功能保持不变，从而保障读者对该报的阅读习惯。着重发挥图形、图表以及有声读物的优势体现独特性。

而在网站设计方面，《泰晤士报》则尤其注意以下几方面：在搜索引擎方面给读者提供功能性的导读模块；在服务性方面给读者提供旅游等生活类信息导航；将一些过去的信息资料进行重新整合，把用户满意程度作为首要考虑部分。

《泰晤士报》在对读者阅读体验的把握上是值得很多老牌报刊在发展转型过程中借鉴的。数字时代，新媒体对传统报刊市场的冲击在不断加深，很多报刊企业面对新的发展环境一时之间难以适应。面对困境，

[1] 麻茵，翟铮璇.《泰晤士报》《金融时报》的全媒体视觉策略[J]. 中国记者. 2012，2：122.

老牌报刊为生存在生产流程、媒介产品等方面进行大刀阔斧的革新。但不管如何革新，对于老牌报刊而言，大众报刊在数字洪流中必须保持自身特色，坚守自己的品牌特色，注重内容的生产，最大限度满足读者对信息的需求，才能在数字时代立于不败之地。

（文/曹斯）

第七章

英国广播公司：

公营媒体机构在数字时代的开放式发展路径

任何到访过英国广播公司（British Broadcasting Corporation，简称BBC）总部新大楼New Broadcasting House的人，都会对其“中央厨房”式的结构留下深刻印象：在整栋大楼红白色调的结构中，一楼中庭正中央，是一圈圆形办公区；在其外围是11条扇形排开的长办公桌。这正是BBC的神经中枢，正对这里的，是主演播大厅。

BBC大楼一楼的“中央厨房”（图片来源于网络）

这座在2013年由英国女王伊丽莎白二世亲自揭牌启用的新大楼，代表着BBC在数字化时代的新起点、新方向。

随着数字时代的到来，最新传播技术和媒介相继产生，BBC数字化新媒体转型也一直走在世界媒体的前端。“不管是现在，还是再过十年，仍然还会有人听广播、看电视。但我们必须意识到，互联网正在改变人们的新闻消费方式，受众需要一个适应互联网时代特征的开放的BBC。”这是BBC现任CEO，Tony Hall在最新的一次公开演讲中提出的观点。面对当下的互联网浪潮和移动端趋势，BBC和其他传统媒体一样经历着变革。

为了能够更加深入了解研究BBC的数字化转型策略，笔者于2015年12月走访了BBC伦敦本部，并采访了英国广播公司全球新闻（BBC Global News）数字与技术总监James Montgomery。在2009年加入BBC之前，他曾长期服务于《金融时报》，并曾担任其网站FT.com的主编。

BBC大楼一楼的“中央厨房”一角，编辑正在分发新闻（刘颂杰　摄）

一、服务公众：BBC数字化转型的三阶段

已有近一百年历史的BBC，通常被称作世界广播电视的旗舰，它不仅是英国最大的新闻广播机构，也是世界最大的新闻广播机构之一。BBC最大的特点在于它自1927年以来采用的公营体制。BBC在政治上是半独立的，因为它的经济基础是政府规定的收听收视费政策。在运作上，它基本上是非商营的，多年来，BBC几乎不播广告。这样的特点决定了BBC最直接定位就是为英国全国公民服务，其宗旨是为英国大众提供高质量的电台广播等服务。

（一）三个阶段，实现新旧媒体的真正融合

BBC新媒体部首席运营官Andy Conroy在介绍BBC是如何从传统媒体向全媒体实现战略转型时，将BBC的新媒体转型概括为三个阶段：1997—2006年为第一阶段，核心是实现媒体的数字化；2007—2012年为第二阶段，核心是实现不同平台的媒体资源连接；2013年至今为第三阶段，该阶段的核心是实现新旧媒体的真正融合，也是转型的最终目标。[1]

2006年，BBC提出“马提尼媒体”（鸡尾酒媒体）理念，使受众可以在任何时间、任何地点，通过任何可上网的设备来消费BBC的内容。此时的BBC已经建立了以数据为中心的平台化编辑思维。

2007年，BBC创建多媒体编辑部（Multimedia Newsroom），将多个办公地点的新闻人员聚集到一起，以促进新闻团队内部的资源共享。BBC新闻网站的人员与广播和电视新闻团队在同一个地点办公。

2008年起，BBC启动名为DMI（Digital Media Initiative）的数字媒体工程，使BBC的工作人员都可以通过桌面电脑而不是过去那种专门的编辑间来完成内容的创建、编辑、发布和共享。

2012年，BBC打破新闻团队的内部互相保密、互相竞争的文化。记者、摄像和制作人一起为BBC所有的新闻平台服务。每条新闻、素材都被汇聚到内容库，供BBC所有渠道的制作人采用、加工，各新闻播出窗口的资源共享达到了前所未有的水平。

2014年，BBC推出iWonder品牌，这个横跨三屏的数字内容品牌由原创视频和音频、图片、文字组成，可以运行在智能机、平板和电脑三类终端，并针对每一个主题，都配有多个交互指南，供用户深度互动。

2015年，BBC提出“两辆马车”，一是为使用互联网和移动媒体的受众提供信息，二是确保那些从传统渠道获取信息的受众能继续享受到相应服务。战略向移动端转型，在未来十年间，互联网和移动端业务完全有可能成为BBC的主要业务。

---

[1] BBC是如何从传统媒体向全媒体实现战略转型的[EB/OL].[2015-05-15].http://www.xmtnews.com/p/2121.

（二）“移动优先”：未来十年的主攻方向

BBC总裁Tony Hall认为，面对当下的互联网浪潮和移动端趋势，在未来十年间，互联网和移动端业务完全有可能成为BBC的主要业务。

在我们的访谈中，BBC全球新闻（BBC Global News）数字与技术总监James Montgomery指出，BBC内部曾多次研讨转型和改变的问题。理论上，BBC希望将内容同时呈现在多个平台上，例如手机、网页和电视都要有，通过多平台的协同提高效率。这样一来，用户通过多种渠道都可以获得同样的信息，不仅使得最好的新闻得到更广泛的传播，同时对信息的接受者来说也可以得到更连贯的体验，提升用户黏性。比如BBC的用户早上在手机上看到了某个新闻，晚上他们就可以在电视上看到关于这些新闻的后续报道，这对早上接收的信息也是一种延续。

这在操作上并不是那么容易，尤其是在手机的快速发展和变化条件下，手机上和电视上适用的内容版式通常不同。比如一个3分钟的视频在电视上播是没问题的，但对手机用户来说就有点长了，即同样的内容不能一成不变地发布在不同的平台上。BBC采取的生产流程是首先处理数字资源。过去BBC将处理好的视频在广播播出后，再把文件拆分成小段，散播到网络上。而BBC现在做视频首先是为了数字消费，先发布在网络上，然后才在电视上播出，这样电视就成了信息更新最滞后的设备。在现有的内容呈现平台中，手机是最核心的终端。

根据目前BBC的访问数据显示，BBC网页60％左右的访问量都来自手机用户。James认为，一直以来人们用自己想用的存储设备来获取同时存储信息，这一想法不仅在电脑上适用，同时也存在于手机使用过程中。BBC在2015年3月进行网站改版设计时也将这一点充分考虑在内，使新的版面更加关注手机用户的交互体验，适应移动用户需求。

（三）从公众利益出发，为所有公众服务

BBC致力于转型为一家开放又与众不同的电视媒体公司。根据James Montgomery介绍，所谓“与众不同”实际上指的是产出的成果是独一无

二的，在英国，“与众不同”这个词对BBC有特定的含义。不同于其他媒体机构，BBC是靠公共资金运营的，每年大约需要花费37亿英磅（约340亿人民币）进行运作，而这些资金来源于BBC对英国公民所收取的电视牌照费。所以英国公民必须清楚这笔钱到底用来做了些什么，是否真正做出了只有靠公共资金才能做出来的“与众不同”的东西，还是这些成果早已由其他机构创造并出现在市场上，BBC是否还有必要来做这些。这也正是BBC追求“与众不同”的根本原因，BBC常常被要求证明它所做的这一切只有依靠公共资金才可以办到。

BBC所坚持的开放性也是针对公共资金而言的。作为一家采用公营体制的媒体而言，BBC确实应该为用户创造优质的内容和服务，但它更广泛的义务是把它的业务在更广阔的市场呈现给用户。它的产品和内容应当是公开的资源，并且在这方面BBC也没有受到商业机密的限制，所有人都可以浏览它的内容。当然，在这个过程中BBC依然保有知识产权，只是尽可能地采取公开、透明的方式进行合作。

纵观BBC的发展历程，公共服务的理念不是静止或有时间限定的概念，而是随着传媒环境的变革和受众需求的变化逐步发展和完善的动态过程，并呈现出与时俱进、改革创新的时代特色。作为西方各国公共广播电视中诞生最早、理论最完备、实践最成功的公共传媒机构，BBC肩负引导、娱乐、教育、守望的重要责任，以对受众高度负责的态度打造每一个细节，以高品质、富有创意的内容连接世界千万用户，通过信息与服务促进不同文化的融合，传播公共服务的核心价值观，对不同文化背景和意识形态的地区产生了深远的影响。[1]

（四）特殊的商业模式

相比于《金融时报》（*Financial Times*）、《经济学人》（*The Economist*）等商业性较强的私营媒体，BBC作为公营媒体机构，存在的价

[1] 寇金玲. BBC全媒体改革给我国媒介融合带来的启示[J]. 齐鲁师范学院学报，2016，31（1）：94-98.

值是服务大众，因此商业模式上也大不相同。前两者现阶段采用付费墙机制，即付费、订阅的模式。例如，《金融时报》引进了一种全新的付费模式——最开始的几篇文章可以免费查看，接下来就需要注册和支付订阅费才可以查看，这一模式在当时非常成功。《金融时报》有一些相对来说比较特别的内容，所以需要付费查看，因为在别的地方不是很容易找到类似的，但这显然不是每一家媒体都可以效仿的模式。

James认为付费墙的模式是完全不适应BBC的，“BBC与此相反，我们不得不把我们的重心放在最广大人民身上。我们认为付费墙这个模式总体来说是好的，但我们不会要求用户付费，因为这太难做到了”。

从资金来源看，BBC的经费主要来源于公众的电视牌照费（Licensing Fee），少部分来自政府财政拨款。虽然BBC的运营成本基本来自公共资金，但BBC从内容、形式、数据等多个维度切入转型的“输血式改造”难免会经历阵痛。此时BBC也积极寻求商业合作，例如，BBC将以iPlayer支持音乐产业的发展及扩展附加内容服务，并计划成立儿童专属的影音播放网络平台iPlay，平台上不仅提供电视节目内容，也包括博客、播客、游戏以及教育相关内容，从而获取一定收入。

二、流程重组：打造全媒体平台，实现真正的媒介融合

如前所述，BBC的新媒体融合过程分为三个阶段：一是做数字化媒体，二是连接，三是真正的融合。以前BBC的团队或管理体要在传统文化和新兴文化之间找一个平衡点，将新媒体和传统媒体连接在一起，是非常困难的，企业文化的改变非常慢，管理体系是完全按照条线分开的，每一个条线都非常合理、正确，但每一个体系的管理与其他团队是不进行沟通的，这种框架将其他栏目和频道分割得非常惨烈。我们可以看到BBC的电视做得很棒，广播也做得很棒，但新媒体时代需要的是对各种媒介的融合。[1]

[1] 孙淑会. 老牌BBC是如何搭建全媒体平台的？[J]. 新远见，2013（12）：74-77.

（一）打破部门壁垒

全媒体环境下的集成化采编播管理平台是媒介融合的核心环节。为进一步优化新闻生产流程，BBC深度整合内部资源，打破部门壁垒，构建与内容生产密切相关的四大跨媒体部门——视觉团队、音频与音乐团队、新闻团队和北部中心团队；同时，成立未来媒体与技术部，从技术层面统筹协调跨媒体节目制播工作。[1]

（二）成立超级编辑部

BBC为适应全媒体发展需要，避免人员重复工作和信息交流不畅造成的高投入低效率等问题，提出了以大编辑部为核心的改革方针，强调了大编辑部的“大家”的作用，对原有采编系统进行了一体化再造，建立“超级编辑部”。[2]

BBC大楼内景，底楼为“中央厨房”（刘颂杰　摄）

[1]　苏贝妮. 提升报道质量实现华丽转身——BBC新媒体业务探索及整体机构改革[J]. 新闻记者，2012，7：7.

[2]　任金州，肖弦弈. BBC媒介融合的动因、路径和意义[J]. 传媒，2013（5）：56-59.

（三）做到“360度”

所谓“360度”，是说BBC的人员无论是在内容策划，还是在节目制作中，都必须做到“360度”，即同时考虑到广播、电视和网站各个平台的需求以及固定设备和移动设备的需要。

BBC全媒体平台的关键词是交错、融合。不同部门、不同岗位的员工，座位交错，工作融合。虽然刚开始时，几乎所有人都反对，大家觉得在这样的环境下没法写稿子。但现在大多数人都适应了，觉得这样的变革有助于新闻采编流程的革新。找人容易多了，想到做什么选题，站起来就能看到人，走过去沟通一下，马上就可以开始实施。

尽管取得了一定成功，但不可否认，重组仍是一个不断尝试和调整的过程。首先体现在实体部门的重组。以新闻编辑部为例，从2007年开始，新闻多平台制作力量的整合直到2013年才初步完成。其次体现在生产流程的重组。虽然将多平台的生产人员整合到一起，但并不是所有的人都为多平台工作，BBC认为目前将各个环节彻底整合还为时过早，人员要经过长期的时间才能掌握跨平台生产技能。[1]

三、从用户体验出发，进行产品创新

BBC总裁托尼·霍尔（Tony Hall）表示，BBC将借助新媒体技术改变传统媒体与观众的关系，尤其致力于满足观众的个性化内容需求和收视习惯。为此，BBC在机构设置、运行机制等方面及时进行了改革，强化资源的开放共享。

（一）关注受众需求，从用户体验角度出发

互联网打破信息不对称，用户获得更大的话语权。因此要求企业

[1] 张晓菲. BBC数字化转型的核心理念与策略[J]. 中国广播电视学刊，2016（2）：85–88.

在更高层面上来实现“以用户为中心”。互联网思维的核心就是用户思维，产品设计、极致用户体验和口碑传播等，都离不开用户的参与。因此，用户偏好的变化是BBC业务调整的一个重要风向标，这也使得BBC不论是在数字内容或技术的运用上，都非常关注用户体验。James Montgomery正在负责一个探究怎样更好地在手机上呈现新闻的项目，而这个项目的主要目的，是为了给在手机上浏览新闻的用户提供更好的用户体验。

在信息爆炸后，如何利用创新来吸引用户对于媒体的数字化转型显得尤为重要，也非常复杂。首先，因为BBC是用公共资金运营的，每位公民都需要支付一定的费用，BBC也就有义务做出让每一个人都能得到一些对自己有用的信息的网站。另一方面，BBC不仅需要关注已经在使用BBC服务的用户，同时也要关注目前还没有使用BBC的用户，因为它们也在付费，BBC认为它也应该为这类群体做出一些东西。整个过程中，都需要充分考虑到用户的使用体验。

根据BBC的战略要求，2022年之前，BBC在全球范围内的浏览量要达到目前的两倍，也就是指在BBC的所有平台（电视、广播、网络）上，周访问量达到5亿。为实现这一目标BBC需要发展新的用户，在这个过程中，应当把创新的成果传达给新用户，从而吸引更多用户。

James介绍，做广播的时候，你只要把广播节目播出去，使想听的人能听到即可，此时双向的反馈不足而且滞后。但在数字化领域，你可以得到来自用户的实时反馈，并在做节目的过程中及时调整，你可以清楚地判断观众是否喜欢你的节目。如果我们好好分析用户反馈中蕴含的信息，我们就能更好地贴近用户喜好，达到扩大用户量的目的。

（二）产品“个性化”，采用差异性战略

BBC采取以产品理念生产新闻、节目，将它们统一改为“产品”，主动适应新媒体市场的规律和用户消费的趋势。现在的BBC将所有的节目、栏目、内容都统称为产品，作为横跨传统媒体和新媒体的新形态，并不断创新新“产品”。

BBC所采用的其中一种创新方法就是分析用户参与情况，从而根据不同用户设计不同的产品和策略进行推广，即产品“个性化”。例如，具体做法之一是更加注重网上的实时新闻，并通过实时新闻的用户群体研究去理解实际操作中什么是可行的，什么又是不可行的，设计特定的策略来吸引用户，即用户的个性化需求定制。例如，如果目标是年纪较小的用户或女性用户，那么必须在产品、内容和市场上都制订相应的计划来吸引这个特定范围内的用户。2014年，BBC3台被全面改造为一个线上频道，不再通过广播电视网传输任何节目内容。这一改变与BBC3的主要受众群体是年轻用户极为关切。2014年9月，BBC开发了专门针对青少年的APP和网络节目频道——CBBC，BBC希望能通过个性化的内容以及良好的用户体验来塑造他们的使用习惯，进而培养新一代的用户群体。[1]2014年，myBBC项目由数字化部门、市场与受众部门联合启动，作为一个持续数年的项目。2015年，BBC数字化转型的重要策略是进行myBBC革命，通过一个新的工具——个性化的数据（Individual Data），提供个性化的公共广播电视服务。[2]

（三）创新实验室：创新的先锋

BBC拥有一个小型的创新实验室，在这个实验室里，一群最优秀的新闻工作者聚集在一起努力想出新东西。“我们的方法是，如果有人想出了一种想要探索的方法，通常会把它从日常工作中分离出来，在3个月、6个月或12个月的时间里成立项目组专职进行研究和探索，日常工作交给其他人帮忙做。如果不采取这样的制度，大家都在忙自己原本的工作，一切就根本无法实施了，新想法就会被扼杀在摇篮里。”James Montgomery说。

目前，这个创新实验室还在高效地运转着，效果也非常明显。第

[1] 韩晓宁，张皓月. 融媒时代国际广电传媒集团的转型研究——以BBC、CBS和迪斯尼为例[J]. 视听，2016，1：6.

[2] 张晓菲. BBC数字化转型的核心理念与策略[J]. 中国广播电视学刊，2016（2）：85-88.

一，它与其他工作部门分离，设立在另外的地方，有自己的空间和自主权，可以做自己的研究。第二，这个工作小组集合了记者、开发者、设计师，他们之间进行密切的合作。第三，也是非常重要的一点，它与很多研究机构、大学和其他新闻组织都有合作关系。BBC尝试的并不是要打通整个行业，而是试点性地做些事情，仅需要通过用户量破百万来试验，这实现起来就会简单很多。如果它不可行，或者看起来前途不是很明朗，也可以直接停止这个项目。

创新实验室所有的参与者都认为他们做的事情本身是有趣的。他们通常更宽泛地思考未来，尝试新想法、新方法，在技术和观众行为日新月异的时代中跟上脚步。例如创新实验室一直在研究的项目之一是对所有的视频用机器进行辅助翻译，一个5分钟的视频，用10分钟就可以翻译完毕了。这是一个考验，也许不能成功，也许用户不会喜欢，也许技术会失败，也许他们会想出更好的方案。与其说这是一种服务，倒不如说是一种创新或实验，BBC对转型中的创新是充满包容的。

四、平台扩展战略：社交、地方和国际

（一）网络及社交媒体平台扩展

BBC大力推进网络视频发布和社交媒体建设，力求能让观众觉得电视台不是一种“一对多”的传播，而是一种“一对一”的传播，能与观众建立起更为个性的亲密关系。

从BBC Online再到打造iPlayer内容同步平台、BBC News移动客户端，BBC在多方面尝试打开用户互动的渠道。BBC在Facebook、Instagram、Twitter和YouTube上都拥有众多的合作者。例如，近年来，在一些重大事件的新闻直播中，BBC的记者会通过@BBCBreaking的Twitter账号来随时更新消息，受众也可以通过BBC网站、各种社交媒体或者电话来参与直播。截至2015年3月25日，@BBCBreaking2014的Twitter账号已经推送了超过2,390,000条突发新闻时事更新，吸引了超过

142,000,000的粉丝关注。[1]

BBC的网络及社交平台的扩展战略主要总结为以下三点。

一是构建网络视频分发平台：近年来，BBC着力打造iPlayer，使其成为新媒体时代网络视频分发的旗舰平台，甚至赋予它与传统电视频道同等重要的地位。

二是携手社交媒体扩大节目影响：BBC非常重视社交媒体，尤其注重与具备国际影响力的社交媒体开展合作。例如，BBC与Twitter开展了一系列合作，以拓展其在社交媒体领域的影响力和在Twitter用户中的触达率，并提升传播效果。

三是积极开发应用程序：目前，BBC已相继推出西班牙语、俄语和汉语等版本的“BBC News”和“BBC Sports”两个应用程序。[2]

（二）地方平台扩展：与本地媒体建立合作

一直以来，地方媒体都是不可忽略的重要渠道，通常而言，地方媒体更加贴近周边居民的生活，在小范围内更加容易受到认可。早在20世纪90年代，美国的《纽约时报》（*The NewYork Times*）就采取收购多家地方报纸的方式进行业务的拓展。在未来的几年中，BBC也将采用商业合作的方式与地方媒体展开深度合作，为本地和区域的新闻机构提供可直接使用的音频、视频等多项资源及服务，通过资源共享谋求双赢。如BBC就开展了地方生活（Local Live）栏目，该栏目通过在线新闻集中展示BBC的内容和本地报纸的报道，受众不仅可以通过Local Live浏览到更多本地的新闻，还可以享受旅游咨询、天气、用户评论以及相关信息链接等业务。

[1] 朱可迪. 媒介融合背景下BBC的立体化新闻报道平台构建[J]. 今传媒，2015，23（5）：101-103.

[2] 李宇. BBC在新媒体时代的管理理念与传播策略[J]. 传媒，2015（6）：59-61.

（三）国际平台扩展，发展国际业务

BBC全球服务涵盖了28种语言，在世界范围内拥有着大量受众。未来计划成立对朝鲜的每日短波新闻广播以及扩充俄语卫星电视服务以及网络平台YouTube及“俄罗斯版YouTube”。

BBC国际部主任彼得·霍罗克斯2014年11月14日发表题为《印度分部如何引领BBC创新》的讲话，介绍了BBC印度分部的总体运作情况、在当地发展新媒体方面所做的尝试、与当地媒体的合作关系及未来发展规划等。

1. 重构海外编辑部：推出新媒体产品，BBC一直努力调整海外分支机构，努力建设“多媒体、多语种的生产单元”，实现跨平台和跨语种的集成式工作。

2. 重视移动设备：BBC已经把推出新的移动APP和网页作为开发数字产品的首要目标。超过一半的BBC世界新闻市场是“移动优先”的。为了在不断涌现的、不同类型的移动设备上传播，BBC世界新闻网站进行了响应式设计（Responsive Design），针对不同的终端自动优化呈现效果。

3. 本土化：聘用当地双语人才，报道敏感议题。BBC早期的国际传播是以英语为主的，近年来开始向“多语种、国际化”转型。为了实现真正的全球传播目标，BBC注重聘用双语甚至多语人才，推出本土化节目，报道所在国受众关心的敏感议题。[1]

（文/刘颂杰　廖永琦）

[1] Board B R. Annual Report and Accounts[J]. H. M. Stationery Office，1966：43.

附录：BBC数字与技术总监James Montgomery访谈录

BBC数字与技术总监James Montgomery（中）、BBC中文网主编李文与本文作者合影

如何运用数字内容和技术？

作者：BBC和印刷媒体很不相同，对视频和音频节目有所侧重。今天早上我在你们的网站上看到一篇名为《见证中国人与IS抗争》的文章，点进去后发现是一篇只有文字和图片的新闻，没有配以视频或音频文件。在发展BBC的网站和客户端方面，你们是怎样最大限度地利用视频和音频的优势的呢？

James Montgomery：你说得没错，BBC刚起步的时候只是一个广播新闻机构。但我们已经做英语新闻网页有15年的时间了，比许多其他新闻机构时间都长。我们现在非常注重如何把我们的广播新闻生动地呈现在网页上的问题，所以广泛地运用视频和多媒体等载体。文字仍然重要，但我们有两个网站，于是我们比之前有更多的多媒体可以选择。这也与技术的发展息息相关，现在网速更快了，设备更先进了，数据收费更低了，所以人们现在可以在网络上做许多事情，而在15年前这绝不可能。

其实你刚才提到的那篇文章是我的一位同事写的，它更像是一篇独家报道。但故事是由他和社交平台上的一个人的讨论引起的，这意味着我们没有办法得到视频之类的素材。这也就是为什么我们做的基本上就是得到他的允许后给他拍了几张照片。我们不仅做了中文版本，也做了英文版本，然后也发表在英国广播公司网站（BBCnews.com）上。

如果你去看我们的新闻网站，你会看到更多的视频，在那里大部分的文章都是有配视频的。

作者：你们在使用这些视频或电视内容的时候会遇到什么执照限制问题吗?

James Montgomery：短视频不会。长视频，比如整期的节目，纪录片之类的，就会有执照问题了。因为我们也许是从别的渠道得到这些视频的，或者我们可能想要把版权卖给别的广播公司，而我们并不可能把它免费地挂在我们的网站上。短视频没问题，但是长视频实际上就不一样了。体育视频是个例外，如果是关于体育的视频，短视频也是有执照问题的。

作者：所以这个网站是围绕着电视节目在运行的，还是另外划分出来的?

James Montgomery：是另外的，但我们正在努力地把我们最好的电视新闻记者转移到网站上来。

作者：你们在电视节目中是怎样运用数字内容或技术的呢?

James Montgomery：我们讨论过很多关于“转变”的问题。理论上，我们要把内容呈现在多个平台上，如手机、网页和电视都要有，这样才能提高效率。这样一来，通过多种渠道都可以获得同样的信息。这就使得我们最好的新闻得到更广泛的传播，对接受者来说也可以得到更连贯的体验。比如他们早上在手机上看到了一些新闻，晚上他们就可以在电视上看到关于这些新闻的后续报道，这对早上接收的信息也是一种延续。这在操作上并不是那么容易，尤其是因为手机的快速崛起，在手机上和电视上适用的内容版式并不见得相同。比如一个3分钟的视频在电视上播是没问题的，但对手机用户来说就有点长了。

同样的内容不能一成不变地发布在不同的平台上。我们首先处理数字资源，刚开始的时候发布在网上的视频是在广播播出后，把文件拆分成小段，再散播到网络上。我们做视频首先是为了数字消费，然后才有可能在电视上播出，但这样电视就成了信息更新最滞后的。我本人正在主持一个探究怎样更好地在手机上呈现新闻的项目，所以这一点尤其重要。目前来看，我们60%左右的访问量都来自手机用户。如今人们用自己想用的存储设备和存储信息，这一想法不仅在电脑上适用，同时也存在于手机使用过程中。

如何吸引用户?

作者：我注意到你们的网站上有两个栏目“Makeit Digital”“iWonder”。它们是定位于千禧一代（New Millenniums）吗?

James Montgomery：iWonder是BBC学习板块，我们有很多有关教育和辅导理解的内容，它们不需要每天更新，可以放在那里很久，他们是学习资源和信息库。Makeit Digital就不同了。BBC是英国用公共资金运营的广播公司，包括那些传统的内容也是公共资金运营的。运营这个公司更宽泛的目的是在英国促进公民对数字化的理解和应用，也就是支持这个商业系统中的创业者，帮助学生理解老师传授的内容，学习使用社交网络，也许还可以激起一些学生对代码和编程的兴趣。

作者：现在人们都在讨论千禧一代的问题，你们有什么创新性的点子来吸引他们到BBC来吗?

James Montgomery：我们也经常在讨论这个问题，我主要侧重关于手机的项目。举个例子，我们的项目是为了给在手机上浏览新闻的用户提供更好的用户体验，但我们也知道，手机已经几乎成为人们获取新闻的唯一途径。有一台手机，你就可以非常贴近我们的用户。能够熟练使用手机很重要，熟练使用社交平台就更重要了，想要达到这个目标，这两项技能必不可少。

作者：不久前您组织了一群数字编辑开会讨论关于吸引新用户的创新方法。请问BBC吸引用户的主要战略是什么呢?

James Montgomery：在信息爆炸后，这个问题尤为重要，而它又非常复杂。首先，因为BBC是用公共资金运营的，每位公民都需要支付一定的费用。我们就有义务做出让每一个人都能得到一些对自己有用的信息的网站。一方面，我们不仅关注已经在使用我们的服务的用户，也关注目前没有在听BBC的用户，因为他们也在付费，我们也应该为他们做出一点东西。另一方面，在全球范围内我们有一个在2022年之前浏览量翻番的年目标，也就是在所有平台（电视、广播、网络）上，周访问量达到5亿。这两个目标都需要我们发展新用户，把我们的成果传达给新的用户，吸引更多用户，其中的一种方法就是分析用户参与情况。这又涉及许多情况。其中之一就需要我们更加注重网上的实时新闻，去理解在实际操作中什么是可行的，什么又是不可行的，这也需要我们设计特定的策略来吸引用户。如果目标是年纪较小的用户或女性用户，我们必须在产品、内容和市场上都制订计划来吸引这个特定范围内的用户。

到头来，这依然是要做出一些与众不同的事情来的问题。做广播的时候，你只要把广播节目播出去，希望想听的人能听到。但在数字化领域，你可以得到来自用户的实时反馈，并在做节目的过程中及时调整，你可以清楚地看到观众是否喜欢你的节目。如果我们好好分析用户反馈中蕴含的信息，我们就能更好地贴近用户喜好，达到扩大用户量的目的。

BBC如何创新?

作者：您曾经提到，要在新闻界实施创新，应该先从一个小的想法开始，在小范围内试验。请问您能详细描述一下BBC典型的创新步骤是怎样的吗?

James Montgomery：我们并没有一个每次都遵循的特定模式。我觉得挑战之一就是，在一个很大或者比较大的新闻机构里，如BBC，你需要由内而外地进行创新，把新想法告诉大家，并尝试新方法。我相信只有先在真正关心这个问题的小范围人群中试验，想要的改变才能达到最好的效果。这群人要对将要做的创新抱有热情和使命感，而且有空间可以实施。在这个领域有太多的规则和干预，所以即使有了一些真正切实可行的想法，如何更广泛地应用它就成了一个很大的挑战。有些时候主要问题是怎样想出新点子，但我们说的是你起码知道你有了一个不错的想法。试图高高在上地向大家宣布所有人都要制作更多的视频是不可行的，创新不是这样实现的。从另一个方面来说，这个想法也许并不真正适用，所以如果先在小范围内实施，还可以检验它的可行性。

作者：您刚才提到创新者需要更多时间和空间，您会为了创新而减轻其他的工作量吗？

James Montgomery：我们有一个小型创新实验室，一群优秀的新闻工作者聚集在一起努力想出新东西。我们的方法是，如果有人想出了一种想要探索的方法，通常会把它从日常工作中分离出来，在3个月、6个月或12个月的时间里进行研究和探索，其他人可以帮他做日常工作。如果不这么做，大家都在忙自己原本的工作，这一切就根本无法实施了，于是这个新想法就会被扼杀在摇篮里。

机构变革

作者：托尼（Tony Hall）曾提到你们想把BBC建设成一个开放又与众不同的公司。请问你们为了达成这个目标做出了哪些机构上的改变？

James Montgomery：所谓“与众不同”实际上指的还是我们产出的成果。在英国，这个词有特定的含义，因为BBC靠公共资金运营，每年需要花大约37亿英磅，所以我们必须清楚这笔钱到底用来做了些什么，是否真正做出了只有靠公共资金才能做出的与众不同的东西，还是这些成果早已出现在市场上，BBC是否还有必要来做这些。所以我们常常被要求证明我们做的这一切只有靠公共资金才可以做到。

在商业上可行之前，靠商业支持使用新平台或新技术来做节目风险就太大了一些。开放性也是针对公共资金问题来说的。我们确实应该为我们的用户创造优质的内容和服务，但我们更广泛的义务是在更广阔的市场把我们的业务呈现给用户。在这方面我们并没有受到商业机密的限制，这是公开的资源，所有人都可以浏览并不意味着我们的内容被正式发表了，我们依然保有知识产权。我们尽可能地合作、公开、透明，因为公共资金使我们能够这样做。

作者：您能具体描述一下新闻实验室（News Lab）是怎样运行的吗？它现在运行得还有效吗？

James Montgomery：它还在高效地运转着，也很有趣。第一，它与其他工作部门分离，在另外一个地方。所以有自己的空间和自主权可以做自己的研究。第二，这个工作小组集合了记者、开发者、设计师，他们密切地合作。第三，也是非常重要的一点，它与很多研究机构、大学和其他新闻组织都有合作关系。BBC尝试的并不是要打通整个行业，而是试点性地做些事情。用户量破百万就会简单很多。如果它不可行，或者看起来前途不是很明朗，可以直接停止这个项目。

作者：这在BBC是一个非常重要的创新吗？

James Montgomery：我觉得是的，因为他们做的事情本身是有趣的，你可以看看他们刚刚做成的一个节目。这是更宽泛地思考未来、尝试新想法的方法，在技术和受众行为日新月异的时代中跟上脚步。

作者：那些在新闻实验室中工作的人是专职在做这个还是他们也做别的部门的工作？

James Montgomery：他们是从别的部门调来的，但是在一段时间内只为新闻实验室工作，一般是有特定的项目要做的时候。我可以给你举一个例子。我们一直在研究的项目之一是对所有的视频用机器进行辅助翻译。我们刚刚开始了把英语翻译成日语或俄语的项目。我们取一段英文视频，把音轨转化成文字稿件，用机器进行翻译，由编辑来检查准确性，当它翻译完成时，就用声音系统把它再次录音成另一种语言，再插入视频中。就像这样，这段视频原本是英文，现在被转化成了日语，而且由电脑配音。

作者：用户反馈怎么样呢？

James Montgomery：还挺好的，我们跟记者们分享了这一成果。如果那是你的母语，你是可以听出来那不是人工配音的，但这不是重点。重要的是，在帮助理解视频内容这个方面我们已经做得足够好了。我们不会为这件事感到烦恼或分心，我们并不是在欺骗用户。

作者：这个过程中需要的工作人员有多少？

James Montgomery：这项工作很简单，一两个记者就可以完成了。而且它耗时不多，我们可以用视频两倍左右的时间就把语言转换完成。一个5分钟的视频，用10分钟就可以翻译完毕了。这就是新闻实验室在做的事情。这是一个考验，也许不能成功，也许用户不会喜欢，也许技术会失败，也许他们会想出更好的方案。与其说这是一种服务，倒不如说是一种创新或实验。

作者：2007—2009年您在FT.com担任编辑的工作，在数字化策略方面这两个机构有什么不同之处？

James Montgomery：我觉得最大的不同之处在于它们的商业模式。FT公司有付费、订阅的模式。如果我是一个成功的出版商，我会说它们引进了一种全新的模式。最开始的几篇文章可以免费查看，然后就需要注册和支付订阅费才可以查看，这一模式在当时非常成功，他们在这方面做得非常好。他们有一些相对来说比较特别的内容，所以需要付费查看，因为在别的地方不是很容易找到类似的。当然他们有能够支付这一费用的用户。我认为这不是一个任何人都可以效仿的模式。BBC与此相反。我们的任务是服务大众，跟他们不一样，所以我们不得不把我们的重心放在最广大人民身上。我们认为这个模式总体来说是好的，人们有了新的途径可以接触到新领域的东西。但我们不会要求用户付费，这太难做到了。

作者：在新闻编辑部和工作流程方面有什么不同呢？

James Montgomery：在一些方面他们是相似的，因为FT是由印刷媒体转型而成的，而BBC正在尝试一些不同于广播的东西，虽然最终可能把广播完全取代。他们在管理转变、资源等方面面临着相似的挑战。

作为公营媒体的BBC

作者：您刚才提到BBC是靠公共资金运营的，这对成功转型来说是有利的还是有害的呢?

James Montgomery：总体来说这使转型更加容易了。因为这对于新闻公司来说是困难的，他们大部分收益来自印刷产业，即使用户越来越多地使用新平台，他们也很难放弃印刷产业。我们的一大优势是我们不被这一点所限制，无论用户使用我们的哪一个平台，我们都可以得到报酬，所以我们可以更加专注于给用户以他们最喜欢的体验。

作者：根据资本家的心理，效率源自获得效益的动力。所以公共资金……

James Montgomery：我知道你想说什么，但我认为一个商业模式在某种程度上收益怎样变化或者怎样做效果比较好，要考虑你的用户想要什么。尤其是在媒体上，这很难做到，因为很难让钱数字化。他们陷入了一个圈子，因为用户是数字化的，可如果他们追随用户，那还怎样赚钱呢？所以他们为了既以用户为中心又获得商业利益，承受着多重的压力，毕竟在网络上赚钱并不容易。大多数新闻网站都不赚钱，那些在数字化方面做得很成功的新闻网站大多都是有富有的家族公司资助的。

作者：在您所负责的范围中，所有事情都是不与商业利益挂钩的，是这样吗?

李文（BBC中文网主编）：在BBC.com上我们两三个月前才刚刚开始接商业广告，所以我们确实是在网页内容上赚到了钱。然而目前的结构像是新闻内容占网站的主题，我们并不一定要点击边上的商业广告。就像有一个中心广告销售小组，全权负责BBC.com和所有外语网站的广告销售。也就是说我并没有达到销售目标之类的压力。但在广告方面我能做的一件事就是用我的判断力来决定这些广告是否应该在那个情形出现。比如最近巴黎恐怖袭击的时候，我们的网站上挂着的是一个电脑战争游戏的广告，它的宣传标语非常激进，类似“中国人上战场”之类的。在巴黎发生了那样的事情的情况下，我当然不能允许这种广告继续挂在上面。所以我联系了广告小组，让他们把它先撤下来，等事情的风波过了以后再看看要不要挂上去。而我目前并不负责，也并没有争取商业收益的压力，以后也许会，但现在我没有。

作者：在数字化转型的高压下，中国新闻媒体赚钱的压力很大。

James Montgomery：其实我在别的地方也看到过这样的说法。这在新闻界是一个很大的话题。在报纸和电视为主体的商业模式倒塌后，这是一个很大的问题。

李文：对于BBC的各语种服务来说，我们不依赖于商业收益。那只占我们收益的很小一部分，更像是一个除牌照费用之外附加的收入。

作者：最后一个问题，现在BBC在数字化转型的方面主要努力方向是什么？

James Montgomery：我刚才提到过，首先是智能手机。我们正在努力研究怎样在手机上给用户创造最优质的体验。其次，我们也在想各种不同形式的视频的呈现方法。第三，社交媒体也很重要，对于新闻线索的发现、新闻的转发和分享很关键。此外，我觉得长的内容形式也很重要，其实许多数字消费者并不满足于碎片化的浅显内容。我们一些两三千字的报道也很受欢迎。

第八章

启示录：

传统新闻生产的整体重构与创新

从前述英国六大主流媒体的案例分析可以看到，英国媒体机构在内容与产品创新、业务流程重组和商业模式方面均根据自身定位、受众需求进行了非常有意义的探索，有些已经初见成效。各大媒体的国际化战略也各具特色，极大地提升了在数字化时代的传播力和影响力。

不过，正如几位受访者所提到的，中国媒体和英国媒体在很多方面都不同，英国媒体的经验不一定能直接为中国同行所用。因此，我们首先需要分析中英媒体的不同。

一、中英媒体比较分析

转型表现的差异背后，是中国媒体与英国媒体在所有权结构、资金来源、运营理念、技术人才的不同。

（一）所有权

在所有权方面，英国媒体占主流的是家族控股模式和上市公司公众股权模式。例如，《泰晤士报》隶属于默多克所有的新闻集团（在纽约上市），《卫报》是信托所有制。在被原股东——上市公司培生集团出售后，《金融时报》的控股人变为日本经济新闻社，经济学人集团属于阿涅利家族。BBC则属于公营机构。而中国的报社和电视媒体属于事业单位，资产归国家所有，报业集团的负责人由宣传部门任命，有行政级别，存在现代企业管理制度缺失和效率低下的问题。

（二）资金来源

报业经营的困境在于，数字化转型需要源源不断的资金投入，报业在数字化方面带有先天的劣势，其所赚取的利润也无法为数字化转型在长时间内“续航”，还要面临着发行和广告收入的下滑。

财政拨款。与所有权结构相关联的是，中英媒体在资金来源上最大的不同就是中国媒体依其国有属性，一个重要的资金来源是财政拨款。尽管在报业改革之后，媒体开始自负盈亏，但近年来报业集团重回财政补贴体系。而英国媒体主体并非国有，一个例外是，BBC属于公营机构，主要资金来源于公众的牌照付费（Licensing Fee），BBC全球服务业务则有部分来自政府的财政拨款。

上市融资。英国报业机构大多并非直接上市，有些报业如《泰晤士报》隶属于上市的媒体集团。在中国，由于政策的原因，媒体集团的经营性资产（非内容采编部门）可以通过上市为集团获取融资。比如我国上市涉报企业在内地上市的有华闻传媒（属中国国际广播电台）、浙报传媒（属浙江日报报业集团）、博瑞传播（属成都商报社）、新华传媒（属上海报业集团）、粤传媒（属广州日报报业集团）、华媒控股（属杭州日报报业集团）、北国传媒（属辽宁报业传媒集团）、荆楚网（属湖北日报报业集团）、舜网传媒（属济南日报报业集团）9家公司以及在香港上市的北青传媒（属北京青年报社）。

业务收入。英国媒体在经营方面，在数字化时代通过“付费墙”获得订阅收入，或通过互联网广告获得广告收入，能够部分抵销印刷媒体发行和广告收入的下跌。中国媒体在版权保护缺位的情况下，尚难以实现订阅、广告的商业模式移植到互联网。在多元化业务方面，英国媒体大多数开拓基于与内容相关的产业，如数据库、智库咨询等。我国媒体下属的经营性公司也参与非相关产业的多元化经营，如经营房地产业、文化创意产业园、旅游业和实体店等。目前，很多传媒集团都成立了文化创意产业园，诸如南方传媒文化创意产业园、兰州报业文化产业园、楚天传媒产业园和南京时代传媒文化创业园等……从目前来看，文化产业园区重复建设过多，格局和定位不明确，市场吸引力和竞争力不强，报业产业园区并不能达到规划的产业发展愿景，甚至有的文化创意产业园区成立的初始目的就是利用政策优惠进行文化圈地，现在有些文化产业园区只能靠房产租赁获得收入。[1]

（三）数字化转型理念

报业的数字化转型是个系统工程，中国报业的改革虽然整体上起步较晚，但也在积极摸索之中。英国媒体的“数字优先”“受众优先”等改革理念，在中国报业转型过程中被认可，并有意识地往这方面靠拢。总体来看，中国报业转型时期对于“数字优先”的改革多于“受众优先”。不过，这两者的发展都还处于初级阶段，“数字优先”由于报业媒体技术上的限制，整体表现为不断推出一个又一个新的数字产品，同质化严重，是一种急剧的扩张，而非融合。“受众优先”的表现大多是停留在语言模式的软萌化以及在社交平台与读者的互动上。

在运营理念和采编流程方面，我国媒体普遍还是存在比较严重的部门壁垒，一线员工对当今的融合媒体的发展有所保留等，这就造成了和管理层的理解差异。根据尹连根和刘晓燕的研究，访谈发现“受访员工尽管也认同于新媒体对传统媒体的冲击，但是他们不倾向于过于夸大化。而且他们暗含的言辞是相较于新媒体的冲击，传统媒体真正的危机存在于自身”，“普通记者对于技术融合则主要持不合作或不认同的态度”[2]。相比之下，英国媒体对于部门壁垒和采编重构等问题已经有了比较好的调整。

（四）技术差距和人才引进

在技术方面，传统媒体中广电集团的优势大于报业集团。由于报业的优势一贯在于文字、摄影和平面设计等方面，因此在数字化时代下的

[1] 刘毅．中国报业：在转型与回归中变革发展[J]．编辑之友，2015（10）．

[2] 尹连根，刘晓燕．“姿态性融合”：中国报业转型的实证研究[J]．新闻与传播研究，2013（2）．

多端融合面前显得有些手足无措。新媒体占据了渠道优势，这意味着报纸要投入大量的资金和人才去利用这个渠道，而这其中，技术是关键。

运营新媒体最重要的基础在于技术力量，但对技术的掌握和应用并不是报业经营者的长处。报业不像大型门户网站那样拥有专门的新媒体技术部门和人才，更不具备新媒体技术公司的技术开发能力，往往跟不上新媒体的发展步伐。面对新媒体技术日新月异的发展，报业经营者只能被动适应。报业不仅缺乏应用新媒体技术的能力，而且还缺乏新媒体运营的思维，不少报人还在用传统报业的经营思路来运营新媒体。

诚然，英国媒体在转型初期也存在着这样的问题，他们采用和技术平台合作，或者收购公司，或者重金招聘人才的方式解决。

二、顶层设计：制定符合自身的转型战略

数字化不仅仅是把报道内容从印刷纸搬到网上，只是引进数字化技术而不改变媒体内部文化，只是一种消极的、被动的转型。对于传统媒体来说，在新的形势下最需要转变的是理念，需要不断创新、不断升级，从内容到形式上都需要新的突破，而不是像模板一样，一旦确定了整体风格和形式，就“换汤不换药”地延续下去，不做改变。

整理发现，英国媒体巨头的变革其实都以内容作为基础，内容仍旧是导入流量的切入口，渠道更多地为内容服务。

英国主流媒体在面对数字化转型时，最重要的一点是在报业机构乃至集团公司的管理层会根据自身的特点、对用户的精准分析进行“顶层设计”，制定差异化的数字化策略，而非跟风式的应对。反观中国媒体在转型上的策略缺乏针对性和差异化，过去是一窝蜂地建网站，如今是一拥而上开发客户端。

在媒体发展方向的长远考虑上，英国媒体都不约而同地采取积极拥抱互联网的方式，“数字优先”“受众优先”已成为绝大多数英国媒体的共识，推出电子版、APP、网页应用等已是各家常态。但具体来看，战略侧重有所不同。

作为电视媒体又是公营机构的BBC，将未来战略转型的重点放在移动端，目前正在朝着内容同时出现在手机、网页和电视等多平台的方向上努力，通过多平台的协同提高效率。《金融时报》《经济学人》《泰晤士报》在数字化的浪潮下延续以往严肃性、权威性的新闻风格，而这三家媒体也都采取了对内容收费的订阅服务，因此这三家媒体的共通点都是要通过提升新闻内容价值来吸引读者，同时在技术和实操方面大力拓展数字业务。高层对于改革的决心是坚定的，当《金融时报》的编辑团队对改革方式颇有微言时，时任总编辑莱昂内尔·巴伯提醒那些正在面临变化和挑战的采编人员，要重新审视自己的职业规划和未来的个人机遇所在。

《卫报》同样也将数字化新闻置于其战略发展的核心，《卫报》把网络平台视为内容发布的首要平台，不同于部分英国媒体靠网络新闻付费墙盈利，它采取了开放网络资源的策略，以内容开放换取用户规模和在线广告，同时开放的新闻制作流程还吸引了不少受众参与其中。

邮报在线在网络和移动端的成功转型比较特别，它虽为英国《每日邮报》的旗下网站，但它摒弃了完全照搬邮报内容的方式，采用“报网分化”运营。邮报传媒看到报纸和网站具有不同的性质和价值，面对不同的市场和竞争对手，因此报纸和网站应该各自独立运作，将报纸读者和网站用户锁定为不同的群体，向他们提供不同的产品。

三、媒介融合价值观：坚持高品质、专业化的内容

新媒体时代需要的是对各种媒介的融合。BBC全媒体平台的关键词是交错、融合，用户偏好是BBC业务调整的重要风向标。在制作新闻、节目方面，BBC以“产品理念”主动适应新媒体市场的规律和用户消费的趋势；在传播方式上，BBC大力推进网络视频发布和社交媒体建设，主动将“一对多”的传播朝“一对一”转变，力求与观众建立起更为个性化的亲密关系。

作为专业性极强的媒体，《金融时报》和《经济学人》的关注点主

要在政治、经济、金融、国际事务等领域。基于内容品质的要求，它们的媒介融合更多地体现在业务重构层面，而非扩展报道范围。例如《金融时报》用数字的形式来思考故事，用数据、图表或其他创新的形式在网络和智能手机上加以呈现；并“转变传统的传播观念，一定程度将传播变成对话，理解和更多地了解我们的观众”。也正如《经济学人》所认为的，“变的是形式，是平台，是传播途径；不变的是内容，是观点，是对高品质的追求”。这一观念的体现之一便是，各个社交平台被当作是推广《经济学人》的观点及思想，扩大其影响范围。

《泰晤士报》坚持内容是报纸唯一的商品，并认为各种新颖的媒体形式，都只是为了让读者获得更多更有效的信息内容。《泰晤士报》认为媒体融合的目的是把网络版和报纸都办成各自领域最好的传媒，报纸全面深入，网络快速不断档、不漏报，所谓无缝隙新闻。为了适应时代的发展，《泰晤士报》在不改变传统风格的前提下，注意寻找严肃性和可读性之间的平衡，突出高超的写作技巧以及最佳的视觉效果，并增加了社会、体育、娱乐等方面的报道。

《卫报》别具一格，它的关键词是“开放”，不依靠内容的收费，通过“开放式新闻”、“开放服务”、受众“共创与参与”等方式，探索新的新闻生产模式。对《卫报》而言，“开放式新闻”模式的推动，不仅仅是为了提高公共信息的开放与参与，更是企图透过“共创与参与”的做法，建立一个能够与读者保持良好的互动关系，应付传统报业市场消退，延续媒体营运的新兴商业模式。

尽管面临市场压力，但作为“高品质报纸”（Quality Newspaper）的代表，上述报业机构都能够坚守专业主义的基本伦理规范，坚持经营部门与内容部门分开的“防火墙”制度。在媒体转型的过程中，这一底线不会被冲破。因为在读者与报业经由“订阅”行为形成的市场交易中，基本的“契约”是读者对内容的信任、报业对内容独立性的承诺。

四、业务流程重构：基于“用户参与”，推出优质内容产品

在互联网时代，用户对信息的需求是全天候的，对信息的需求也千差万别，因此传统的采编流程已经无法适应时代的需要。在对采编流程的反馈环节中，媒体都有着“受众优先”“观众至上”的共识，用技术来搜集用户阅读习惯等信息，再根据用户的信息来反哺新闻制作和传播。

虽然都基于传统的纸质端、电视端转型到互联网端、移动端，不过这六家媒体在新闻业务重构方面各具特色。值得一提的是，BBC、《金融时报》、《经济学人》等都拥有小型的创新实验室，通过头脑风暴来孵化新想法、新产品。

对于电视媒体而言，全媒体环境下的集成化采编播管理平台是媒介融合的核心环节。BBC通过打破部门壁垒，从技术层面统筹协调跨媒体节目制播工作，还成立了“超级编辑部”，提出了以大编辑部为核心的改革方针，对原有采编系统进行了一体化再造，并要求人员拥有考虑广播、电视和网站等各个平台需求的“360度”内容视角。现在的BBC将所有的节目、栏目、内容都统称为产品，并通过分析用户参与情况，从而根据不同用户设计不同的产品和策略进行推广，即产品“个性化”。

为了适应数字化时代，《金融时报》的采编团队大约从2007年开始就实施了“新编辑部计划”，并要求编辑与记者在思维模式上进行转变。《金融时报》在制作传统的深度报道上，依然保持以往严谨的风格，主要的变化在于特地为互联网准备了“快新闻”。现在的《金融时报》正在向“广播日程”的方向转变，一天的时光中首先会考虑互联网，用数字的形式来思考故事，用数据、图表或其他应该的形式在网络和智能手机上加以呈现，晚些时候才开始考虑报纸。

尤其值得一提的是，金融时报非常重视“受众参与”（Audience Engagement），甚至开发独立的软件Lantern来帮助编辑记者与读者互动，而且建立专门的受众参与部门，“参与到新闻第一线”。进入2015年，《金融时报》提出“受众优先”（Audience First）。《金融时报》的读者参与团队，在编辑部的核心地带工作。11名成员担任各种角

色，从社交媒体的编辑，到制片人，再到非新闻的职务，如数据分析和营销经理。这种工作方式，让团队在整个公司内部收集到庞大的用户数据，并将从中分析而来的启示反馈给编辑部，以“帮助形成一种先了解用户，再进行决策的编辑部文化”。

相比起其他媒体，《经济学人》作为周刊，受到一定的信息传递制约。不过，《经济学人》通过互联网另辟蹊径，分别于2014年和2015年推出Espresso与双语APP GBR。Espresso是《经济学人》历史上新闻制作的一次颠覆，以24小时为周期的新闻产品。为了保持内容在思想上和观点上的统一，《经济学人》并没有单列的数字化编辑部门，而是以团队的形式，促成编辑和记者之间不同领域的分工合作。同一批人，既为周刊写作，也为GBR和Espresso供稿。在初期，《经济学人》编辑部也曾经委任四名编辑及记者专职负责网站事宜，问题暴露之后及时进行了纠正。

《卫报》倡导报网融合，因此要求记者在做新闻报道时要全方位考虑。在这里，记者已不单单是个写稿者，而必须是个多面手，除文字外还要学会以摄影、摄像等多形式表现新闻。相比其他五家媒体，《卫报》所坚持的“开放式新闻”更加依赖于与受众的互动，例如它会将制作新闻所使用的数据完全公开在“数据博客”页面上。“开放式新闻”一举三得之处在于其数据、新闻等为读者使用的同时，又能收集用户数据，还能够提供个人化议题。

2004年，作为精英报纸的《泰晤士报》就尝试大报、小报同时发行，进行小报化改造，是为了方便读者阅读。在新媒体发展的初始阶段，《泰晤士报》需要三个采编团队分别对应报纸、网络和移动终端这三种媒体，24小时不间断供给新闻，满足受众的需求。各个媒体部门还得发展自身的新媒体部门，探索新媒体的运营模式，寻找盈利点。如今，《泰晤士报》共有4个不同版本的终端，分别是传统报纸、网络版、iPad版和手机版，新闻产品都由同一批记者编辑完成采写和发稿。每一位《泰晤士报》记者，除了完成传统意义上的文字稿外，还必须为新闻稿配上必要的现场照片，必要时还需要采集录音、拍摄视频，运用多媒体手段实时向多个终端提供稿件。并且，为了满足新闻可视化的发展要求，《泰晤士报》整合了从传统的调查新闻到数据统计、从美工设计到电脑编程的若干个专业领域的资源，对新闻从业人员提出了更高要求。《泰晤士报》在英国媒体中较早建立了新视觉新闻团队，报社的采编人员共约420人，其中新视觉新闻团队就有34人。

邮报在线作为一家单纯的网站，极其注重时效性，网站采编人员24小时关注网络新闻动态，一旦发现有价值的素材，就对这个故事进行重新采写和深度挖掘。网站团队时刻紧盯后台数据变化，关注当前网站流量、点击量最大的文章、每篇文章的浏览量、用户评论活跃度、停留时间和访问趋势等，根据这些数据不停地调整内容，提升相关文章的阅读排名。邮报在线的报道范围非常广泛，新闻、体育、电视娱乐、女性、健康、科技、财经、旅行等多个频道配上吸引人的内容可以“黏住”大量读者。

五、商业模式：数字内容收费的差异化策略

数字化转型对于报业来说需要大量的资金投入，这其实也是一场经营理念的变革。走访的六家媒体机构采用的商业模式各有不同。BBC主要依靠公共资金和少量的商业广告。在《卫报》的收入来源中，广告依旧占有重量份额，并利用数字化的手段将广告的形式变得更加丰富，除此之外，《卫报》还大力开展副业，例如举办媒体培训班、线下会员活动等，将收入多元化。

《金融时报》《经济学人》和《泰晤士报》都采用了付费墙的模式，但具体操作各有差异。起初，《金融时报》也是付费墙的受益者，但在发现付费墙会妨碍培养用户新习惯之后，改以鼓励新用户以1美元或1英镑来订阅试用版的网页弹窗。用户支付了1美元或者1英镑后，一个月之内，是可以免费无限量阅读《金融时报》的报道的。慢慢地，用户就养成了习惯，就变成了长期的订阅者。

经济学人网站所采用的是被称为“Metered Paywall”的付费墙模式，即网站内容在一定阅读数量之内免费，超过限度之后才收费。具体到经济学人网站，未登录用户每周可以免费浏览一篇文章；注册登录的用户，可以浏览三篇文章；而订阅用户可以免费浏览网站所有内容。订

阅印刷版需要130美元，订阅电子版也需要130美元，而只要花165美元（155英镑）就可以同时拥有印刷版和电子版。近两年推出的Espresso和在免费试用结束后，依旧需要收费。

作为成为世界上第一个推出付费应用的报纸，《泰晤士报》收费标准为每天1英镑（约合1.50美元）或每周2英镑，其实，实行网络阅读收费也是冒着很大风险的。实行在线新闻收费战略初期，《泰晤士报》就流失了大部分免费阅读的网民。2010年数据显示，泰晤士报网站实施收费后，其读者数量减少了近90%。然而一年后，形势出现逆转，《泰晤士报》收费电子版的订阅量开始稳步增长。到2014年7月，数字订阅用户已经突破15万，平均每月增加2000名新用户。

对于《卫报》而言，“开放式新闻”模式的推动，不仅仅是为了提高公共信息的开放与参与，更是企图透过“共创与参与”（Co-creation and Participation）的做法，建立一个能够与读者保持良好的互动关系，应付传统报业市场消退，延续媒体营运的新兴商业模式。可以看出，“开放式新闻”的模式兼具了传统的新闻生产以及参与式公民新闻的特点，是当前最具开创性的新闻媒体商业模式之一。2012年，《卫报》与追踪全球9亿多用户的网络流量监测机构Quantcast签订协议，希望借助大数据分析技术，细分广告受众，以便精准投放广告，提高广告商的投资回报率。

总而言之，是否采用付费墙的模式与媒体本身的战略定位有关，但如果新闻内容与其他媒体相比的差异性和专业性不够，针对用户采用收费模式是存在一定风险的。

六、业务多元化：以媒体内容的品牌效应和信息资源为依托

如前所述，中国媒体集团的多元化经营很多与媒体内容主业并不相关，不像是“转型”，而更像“转行”。英国媒体集团则大多数开拓基于与内容相关的产业，如数据库、智库咨询等。

以《经济学人》为例，经济学人集团不仅仅拥有《经济学人》，还包括1946年创立于伦敦的经济学人信息部（the Economist Intelligence Unit），1955年在美国创办的《点名》（Roll Call），1985年在美国创建的《财务总监》（*CFO*）国际家族系列、《欧洲之声》（*European Voice*），以及经济学人网站。此外，《智生活》（*Intelligent Life*）、*the World In*也是其旗下出版物。分析经济学人集团旗下各部门的业务状况，可以将其业务领域分为媒体内容、信息/公关服务和会议/培训三大块。其中媒体内容是集团的主营业务，也是主要收入来源，其他业务板块依托前者的品牌效应和信息资源来发展，并成为媒体内容的有力补充。

并且，这些多元化的业务并不会影响《经济学人》的品牌形象。《经济学人》是一个智库型的组织，提供充满“智慧”的高端内容产品是该刊长期努力的方向。

另外，一些媒体基于自身的用户群体，开展社区服务的业务。比如，《卫报》从“内容”提供商转为“电子商务”提供商，搭建平台收取服务费。除了持续应用广告营收来支撑新媒体的经营之外，尝试应用媒体本身的品牌效应，导入电子商务的服务机制，也成为新闻媒体新兴收入的来源之一。随着亚马逊和e-Bay等电子商务平台的出现，《卫报》利用自身的品牌推出卫报书城、卫报电子书等销售平台，通过提供中介平台的方式，与出版商、文化创意产业的从业人员合作出版，并收取交易费用。此外，《卫报》也致力于开发社交平台网站，推出交友网站——卫报心灵伴侣（Guardian Soulmate），鼓励《卫报》读者相互配对，使该网站成为英国排名第三的社交网站。这种内容提供商兼营电子商务服务的做法，为卫报集团收取服务佣金提供了可能。

七、国际化：打造国际品牌，提升传播力与影响力

本书研究的英国六大媒体在国际上，特别是欧美地区，颇具影响力，因此，他们在海外派出不少记者站。虽然数字化转型已是非常烧钱，不过为了提升内容质量，他们仍不遗余力向海外，特别是有报道价

值的地区进军。

BBC全球服务涵盖了28种语言，在世界范围内拥有着大量受众。未来计划成立对朝鲜的每日短波新闻广播，扩充俄语卫星电视服务以及网络平台YouTube及“俄罗斯版YouTube”。BBC一直努力调整海外分支机构，努力建设“多媒体、多语种的生产单元”，实现跨平台和跨语种的集成式工作。

无疑，《金融时报》已经成为一个全球化、数字化的媒体机构。他们在世界各地分布了驻外记者，驻外记者数量比任何一个欧洲国家和美国的媒体都多。其业务收入中来自英国本土之外的部分也占相当大的比重。日经对《金融时报》的收购，正是希望能够借力推进国际化战略。

《经济学人》之前的报道主要关注发达国家，而其自身定位为全球性的新闻周刊。近年来，它的关注重心逐渐转移至发展中国家，报道网络也努力向这些国家延伸，已经在印度、南非、开罗、巴西等地建立了报道网络，这与以中国为代表的发展中国家不断发展壮大有直接关系。

从2007年起，《卫报》即拟定跨国媒体战略，跳脱“英国这样一个报业的小水池”，以全球市场的拓展，作为开拓新兴商业模式的首要工作。扩大网络受众规模、吸纳更多网络流量，以提高网络广告收入，是“开放式新闻”的首要思路。

经过10年的数字化转型，《每日邮报》仍是英国媒体，以服务英国读者为主，而邮报在线已是世界级媒体，服务全球用户。为了不断扩大全球用户规模，邮报在线近年来着力布局全球及移动端，2010年邮报在线登陆美国，设立洛杉矶分部；2011年设立纽约分部，2014年迁入新址，做大美、加市场；2014年邮报在线登陆澳大利亚，设立悉尼分部，致力于成为澳大利亚访问量最高的新闻网站。在英国之外，邮报在线尤为重视美国市场。为了对品牌做重新定位，让邮报在线成为全球品牌，而不只是一个英国品牌，2013年底，邮报在线在美国重金购买新域名dailymail.com，通过提高品牌识别度，吸引美国广告投放。

附录

报业数字化转型的制胜之道

——赴英学习培训的三点启发

南方报业传媒集团 王垂林

2013年11月，我参加国家新闻出版广电总局组织的“对话英国报业”中国平面媒体管理人员高级研修班，赴英国威斯敏斯特大学中国传媒中心研讨“媒介融合和数字化未来”。威斯敏斯特大学为英国最大的大学，其新闻传播专业在英国名列榜首，中国传媒中心近年来承接了许多中国培训班，包括政府新闻发言人和传媒业管理人员。这次培训班的课程安排针对性较强，既介绍了英国媒体的历史和现状，又特别针对报业数字化转型前沿问题进行讲授，既有学术探讨，也有实务交流；培训的形式，既有课堂的讲授，又有深入报业的现场交流；任课的讲师，既有大学教授，又有业界精英，特别是课程主任尼尔·沃利斯（Neil Wallis），作为前《世界新闻报》执行主编和《太阳报》前副总编辑，从业资历深厚，经验十分丰富，风趣幽默，极其负责任，不仅亲自讲课，而且全程陪同，在其他课程和参观访问中都随时介入。这次培训中，我们参观访问了《泰晤士报》《每日电讯报》《每日邮报》等著名大报，也参观了免费报纸《伦敦晚旗报》、新闻集团印刷厂Newsprinters；在苏格兰第一大城市格拉斯哥，访问了当地的先驱和时报集团，并到格拉斯哥卡利多尼亚大学（Glasgow Caledonian University，以下简称GCU）交流座谈。这次参加培训的17位学员，有新闻出版主管部门领导，有来自中央、省、市的报刊社负责人，大家求知欲很强，在培训中结合国内实际，课上提问积极，课下交流热烈，达到了学以致用的目的。就我个人来说，通过听课、参观和交流，进一步提高了对报业数字化转型紧迫性的认识，廓清了对数字化转型若干重大问题的认识。具体来说，在以下三个方面加深了认识：

一、挑战OR机遇：报业数字化转型是大势所趋，互联网和新媒体是挑战也是机遇

在英国，无论是学术界还是新闻界，都普遍认为报业数字化转型是大势所趋，而且经过这些年的实践，报业人士都已经有这样的共识，即纸媒的下滑难以避免，互联网和新媒体既是极大的挑战，也为纸媒转型发展提供了巨大的机遇。

在格拉斯哥先驱报，在被问到报纸会不会消失这个问题时，其数字媒体总监认为会，而财务总监则认为，纸媒的下滑难以预测，但读报就像读书，是一种享受，是一种生活方式，“报纸永远不会消失”。

The Media Priefing媒体咨询公司总编辑、高级咨询师嘉斯珀·杰克逊（Jasper Jackson）是偏悲观派，他引用数字说明：2000年的时候，美国和加拿大的半数家庭是订阅报纸的，现在是30%—40%之间，按现在的趋势到2017年，报纸发行量会降低一半。他认为，报纸还能苟延残喘一阵，十年之后才是报纸最大危机的时候，现在十几岁的这代人没读过报纸，对报纸一点感情都没有，数据显示现在57%的年轻人连报纸的电子版也不读，30岁以下三分之一都是从社交媒体上获得新闻消息，他们基本都不看新闻网站。

但无论怎么看待纸媒的未来，报业都在积极地实施数字化转型，并从中寻找发展的新机遇。《每日邮报》网站Mail Online过去六年的增长速度是1151%，去年访问量达到1.46亿人次，明年这个时候估计将达到2.1亿的访问量。Mail Online通过免费阅读使其成为英国最大的电子报，而且在美国等英语国家获得了大量的读者，“从英国新闻品牌变成世界新闻品牌”。“纸质版只有几十万读者，网络有上亿的访问量，这让人感到兴奋。”其负责人骄傲地说，“通过实践，我们向世界同行证明，在多媒体互联网时代，报纸品牌依然有生机活力，占有一席之地，还能盈利。”

一向被认为相对保守的《每日电讯报》，也在新媒体时代找到了新的市场机会。比如在奢侈品领域，十年前要跟《金融时报》竞争基本上是不可能的，但《每日电讯报》尝试办了一个奢侈品杂志，在网站建立奢侈品频道，还在伦敦高端的画廊举办线下活动，结果杂志广告获得了以往两倍的收益，网上奢侈品频道吸引了所有一线品牌，线下活动也很成功。《每日电讯报》还在网上做了女性频道，而以前这是《每日邮报》垄断的市场，现在《每日电讯报》因为网络能在原来不擅长的领域进攻，接着又做了男性频道。《每日电讯报》不仅在内容生产上增加了很多新东西，而且在发行渠道上，也增加了iPad这个市场，其广告增加了三倍，明年将大力进军手机。《每日电讯报》广告负责人认为："互联网提供了很多很好的机会，因为它给了你更多的访问量。"

我们在参观全世界最先进的新闻集团印刷厂Newsprinters时，大家再次提到纸媒的未来。"2007年，默多克在英国投资10亿美元建了三个印刷厂，可见他对报纸的信心。"尼尔说，"默多克非常热爱报纸，但他首先是个判断非常准确的商人，你们相信他吗？"

而一些专业的分众报刊，仍然有着强劲的市场实力。如格拉斯哥先驱和时报集团旗下的《苏格兰农场主》（*The Scottish Farmer*）杂志，只有10个编辑，却一直维持着稳定的发行量和较高的收入，当然现在也办了网站，以吸引年轻的农场主后代。

二、免费OR收费：免费阅读抢夺眼球，付费阅读有望成为主流选择

信息免费大餐在互联网世界似乎已经深入人心，游戏玩家愿意花钱玩游戏、买装备，但看新闻的人早已习惯免费。《每日邮报》也相信免费是成功之道。《每日邮报》在数字化转型过程中依然大量投资于新闻报道，在内容投资上去年花了1.35亿英镑，但是Mail Online网上提供的内容都是免费的，很多业内人士认为，这是1896年《每日邮报》创刊以来最疯狂的举动。依靠免费阅读，Mail Online成为电子版阅读量第一的英国

报纸，也因此吸引了新的网络广告客户。《每日邮报》目前一年的利润是8000万英镑，Mail Online从收益上还远远达不到这个数字，但是年年增长，前景看好。Mail Online说，我们在网络上取得了成功并赚到了钱，既加强了原来的品牌知名度，并且有实力更多地投入报纸质量的改善上。

面对报纸的困境，伦敦唯一的晚报《伦敦晚旗报》走得更彻底。2009年以前它属于每日邮报集团，由于经营不善卖给了俄罗斯寡头。俄罗斯寡头接手后，将《伦敦晚旗报》改为免费报纸在地铁口派送，发行量很快从15万涨到60万，目前达到72.5万。在《伦敦晚旗报》访问时，我们得知，这份报纸去年终于盈利了，主编告诉我们："俄罗斯人不靠这个赚钱，也许他要的是这张报纸的影响力。"

更看重报纸影响力的默多克却非常痛恨免费，他相信有价值的内容不论在纸上还是在网上都是可以卖钱的。2011年《泰晤士报》开始实施网络版收费阅读，点击率成倍下滑。但《泰晤士报》顶住了市场的压力，坚持收费阅读，因为默多克和他的伙伴们相信，有价值的内容是一定可以卖钱的。下面这张图表直观地反映了从2010年以来四年间《泰晤士报》销售总额情况。

Total Sales – Interaction of Retail and Digital

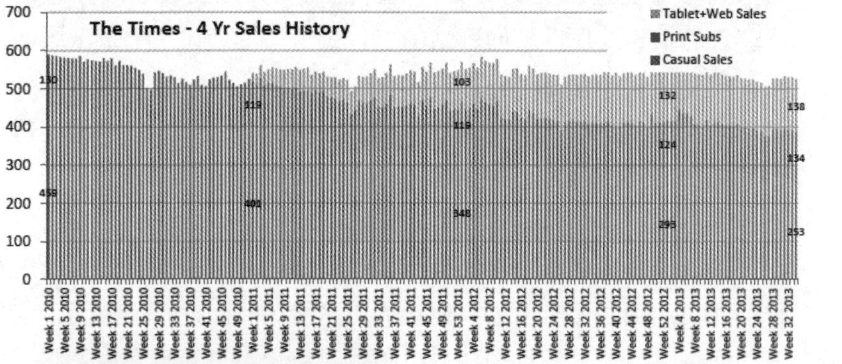

Edition mix Week 32	The Times (000's)	%s	The Sunday Times (000's)	%s
Tablet/Web	138	26	126	13
Print Subs	134	26	172	17
Retail Non-Subs	253	48	697	70
Total	525		995	

- Despite decline in retail print sales, growth in tablet and web sales has kept overall edition sales at just over 500,000 editions

四年来，《泰晤士报》的报纸订阅和零售都在下降，但数字版销售却一直在上升，而增长的这部分基本弥补了纸质版的销售损失，使其总体销售保持在50万份左右，其中数字版为13.8万份。

《泰晤士报》采取了多种套餐的销售方法，以适应不同用户的需求，其中网络包（The web pack）销价为每周2英镑，数字包（The digital pack，即网络+移动终端）销价为每周4英镑，传统包（The classic pack，即网络+移动终端+报纸）销价为每周6英镑；此外，《泰晤士报》还推出了会员服务，以深化用户体验和加强与用户的联系。

《泰晤士报》的成功鼓舞了默多克旗下的其他报纸，《太阳报》今年也开始实行网络付费阅读，而且给一些地方报纸带来了希望。像《格拉斯哥先驱报》2012年实行网络收费阅读后，在全国报纸网站中浏览量增长最快。更为可喜的是，由于数字用户增加而相对成本又较低，过去两年先驱报的利润有所增长，而这其中就有网络收费阅读的一部分贡献。

实行网上付费阅读的报纸还发现，报纸用户和网络付费用户基本不会交叉，有部分报纸读者转向了网络付费阅读，但网络用户主要还是新的。也就是说，报纸用户会流失，但网络付费用户部分地弥补了流失的读者。

而那些希望通过网上免费阅读提升点击率，从而吸引眼球进而吸引网络广告的报刊发现，新闻网站的广告价值还远远比不上报纸版面。《卫报》发行量才20万份，但广告收入1.4亿英镑，平均1个用户的广告价值是700英镑；其网上用户有4000万，但网络广告收入才5600万英镑，平均1个用户的广告价值仅1.4英镑。

《泰晤士报》商业和城市版主编伊恩·金（Ian King）在每日电讯报、卫报、每日邮报都干过，20世纪90年代后期他在卫报时发行量还有42万份，现在跌到20万份之内，他认为，网络免费阅读正是主因。这几份名报的网络版，《卫报》和《每日邮报》免费，《泰晤士报》和《太阳报》收费，《每日电讯报》现在也已开始倾向于收费。网上收费阅读，有望成为英国报纸的主流。

三、内容OR技术：品牌和内容是报业优势所在，技术和人才是转型制胜之道

在反复探讨新媒体收费阅读时，我们提到了The Daily。2011年1月，新闻集团与苹果公司合作开发这一款iPad付费新闻阅读产品时，希望凭借iPad庞大的客户群赢得数字阅读时代的市场先机。乔布斯称The Daily是“iPad上最令人期待的新闻阅读产品”，默多克则称其为“未来的发展潮流”，希望借此将自己的传媒帝国全面带入移动互联新时代。但在连续两年亏损之后，The Daily于2012年12月15日关闭，而默多克至少已经投入了3000万美元。The Daily为什么会失败？《每日电讯报》移动平台负责人认为，The Daily作为一个全新的新媒体产品，不像新闻集团其他报纸那样，有着非常优质的内容和上百年积累起来的品牌价值，一个新的产品并不容易在网络上吸引愿意付费的用户。

课程主任尼尔·沃利斯显然是内容为王的坚定支持者，他总是说：“内容！内容！内容！”其他在与我们探讨的专家和传媒界人士，不管是支持收费还是倾向免费，共同的认识是：在互联网信息泛滥成灾的今天，人们并不缺乏信息，而是缺乏有价值的信息；大行其道的社交媒体尽管也能赢得人们的喜爱，但新闻始终是专业工作，新闻工作者应该继续努力为用户提供有专业水准的新闻产品。那些有悠久历史和良好口碑的报纸品牌，其内容转化到互联网的时候，一定会更吸引用户的关注，无论是免费还是收费。

品牌和内容是传统报业的优势所在，但英国的老牌报纸都在积极适应新媒体转型的需要。在每日电讯报，我们看到一个全新的新闻工作间（如下图，王垂林摄），在数百平方米的办公区，中心圈层就是各板块的负责人，而向外呈放射状延伸的线状办公桌，就是每个板块的团队，而无论是报纸还是电子媒体，其编辑生产的过程都是在这里完成的。这种刻意的安排，正是为了促进传统媒体与新媒体的融合发展，通过物理空间的变化促进人与人的交流从而发生化学的反应。

我们到泰晤士报参观时，看到编辑部正在忙于做培训。《泰晤士报》在新媒体的发展上走得很成功，现在的产品几乎可以说是应有尽有（如下图）。编辑部的负责人告诉我们，过去这些产品是在不同的系统中完成的，而现在正在做的培训，就是要采用新的技术和系统，在同一个系统中去生产不同的产品。从两年前开始实施newsroom 360计划，希望通过对整个新闻编辑室进行改造，从原来纸媒彻底变成多媒体平台的内容生产者。这个计划的核心体系是运用一套意大利产的编辑平台Méthode，这个平台可以给报纸、网站、iPad、kindle、pdf、android、iOS等不同终端提供不同的内容服务，灵活性强，便于更新。经过长达一年的准备，今年7月开始对所有编辑记者进行技术培训，培训将于12月完成，新的系统将在明年启用。过去《泰晤士报》的不同终端产品，是在不同的平台上编辑完成的，而以后记者采集的新闻通过新的编辑平台Méthode，就可以生成不同的终端产品，这将大大提高效率，而且节约成本。

在目前英国电子报中拥有最大用户群的Mail Online，我们了解到，他们自主研发了一个即时数据分析工具realtime。通过这个工具，主编

可以实时获知每一条新闻有多少人点击，在世界上什么地方多少人在看什么，这个系统帮助主编即时获得对新闻的反馈信息，从而及时地调整网站的内容。而在更高的层面上，这帮助决策层做出了到美国、印度等国家开辟新市场的决定。

技术的重要性正在凸显。The Media Priefing媒体咨询公司总编辑嘉斯珀·杰克逊就强调，报业的竞争对手是整个网络，报业集团不能仅仅是生产内容的公司，还必须是一个“技术公司”，要重新搭建技术平台，这是转型的最大投入。嘉斯珀认为可能十年后是报纸真正面临生死的时候，他说，一定要赶紧吸引年轻人加入，选择那些从小伴随新技术新媒体成长起来的一代，完成换血，才能适应十年后关系到生死的竞争。

对于《泰晤士报》正在参加新的采编平台技术培训的报人来说，他们愿意吗？尼尔说，不能适应新技术的人将自然淘汰，但这样的转变不能像培训打字一样强制进行，要使大家意识转变是为了他们好，“让他们的心跟你走”。尼尔提醒我们这些中国同行，要吸取英国的经验教训，就是不能急于求成，一定要有中长期的计划，面向未来寻求改变，而在这个过程中，技术和人才将决定你能不能继续为用户提供优质的内容。

后记

没几年时间，媒体转型在中国已经从一个热词变成了一个熟语。2013年11月，我参加国家新闻出版广电总局组织的“对话英国报业”中国平面媒体管理人员高级研修班，赴英国威斯敏斯特大学中国传媒中心研讨“媒介融合和数字化未来”，在此期间参观访问了《泰晤士报》《每日电讯报》《每日邮报》等著名大报，与英国同行面对面交流报业转型的苦与乐。英国之行加深了我对报业转型的思考，并点滴融入我在南方报业传媒集团的工作实践之中。

在获得广东省委宣传部课题资金资助之后，我希望进一步深入梳理英国媒体数字化转型的经验，因此组成了“南方报业—中山大学传播与设计学院联合课题组”，希望业界和学界的“黄金组合”能够更好地把握英国的实践成果。志安十分热心，我们多次讨论，确定了研究的方向、方法，确认了书稿的体例、结构和文本的要求。刘颂杰老师学养好又勤奋，专门抽时间赴英国实地访谈；我的同事曹斯、张纯有多年媒体从业经验，又都有留学英国的积淀。感谢主创团队的共同努力，终于有了这册《英国媒体数字化转型：案例与模式》，但愿如范以锦院长作序所言，希望学界和业界同人读后能有所得。1990年我入职南方日报，老范已是报社领导，他退休后出任暨南大学新闻与传播学院院长亦已十载，年届古稀而思考著述不辍，老范这一辈新闻人，永为吾侪师范。特别要感谢剑能和一众编辑穿针引线默默付出，为这本小书催生接生。

借此机会，对当年总局组织赴英研修表示感谢，特别是带队的季守利“团长”和各位“团友”，朝夕相处，亲诚砥砺，其火花正是此书的源起。感谢所有提供了直接和间接帮助的人，感谢其他研究者所提供的包括书中标注和未标注的观点、材料。

诗无达诂，法无定法。英国媒体数字化转型早走一步，其经验犹如粤语所说的“各花入各眼”，亦不是包医百病的仙药，可以为参考，断不能照搬。几年前我们还在探讨媒体数字化，而今移动优先已经大潮澎湃。中国媒体转型时不我待，愿更多同道一起来努力和思考。

德不孤，必有邻。

王垂林

丁酉春早